AF389068

TABLE GÉNÉRALE

DES ARTISTES EXPOSANTS

DU DIX-HUITIÈME SIÈCLE

TABLE

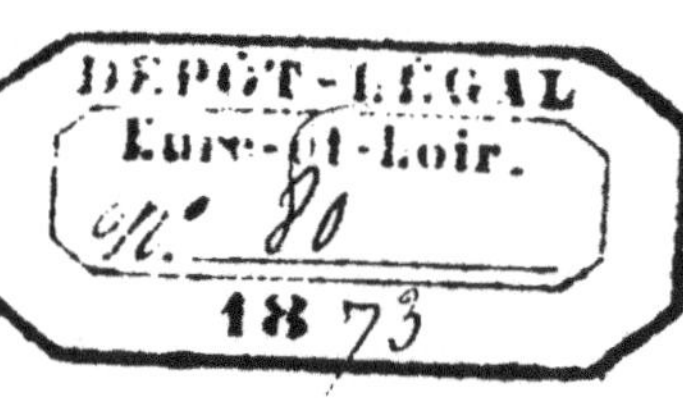

GÉNÉRALE

DES ARTISTES AYANT EXPOSÉ

AUX SALONS DU XVIIIᵉ SIÈCLE

SUIVIE D'UNE

TABLE DE LA BIBLIOGRAPHIE DES SALONS

PRÉCÉDÉE

DE NOTES SUR LES ANCIENNES EXPOSITIONS

ET D'UNE LISTE RAISONNÉE DES SALONS

DE 1801 A 1873

PAR

J. GUIFFREY

PARIS

J. BAUR, LIBRAIRE

11, RUE DES SAINTS-PÈRES

1873

AVERTISSEMENT.

On trouvera en tête de cette table des additions sur lesquelles il est nécessaire de donner quelques explications :

1° Notes sur l'organisation des Expositions au xviiie siècle (1673 à 1800), rédigées à l'aide de documents inédits tirés des Archives de la Maison du Roi, et des renseignements fournis par les livrets ou les critiques.

On a groupé sous des rubriques distinctes tous les détails relatifs à l'organisation des anciens Salons, à leur décoration, aux livrets et aux critiques.

2° Supplément à la bibliographie des livrets et des critiques.

On a réuni dans ce chapitre les renseignements recueillis depuis l'impression des livrets.

3° Description des ouvrages exposés au Concours ouvert en 1727 par le duc d'Antin.

Ce catalogue, imprimé en 4 p. in-4°, est presque aussi rare que celui du Salon de 1673; toutefois ce n'est pas à proprement parler,

a.

comme on le verra plus loin, un livret de Salon.

4° Bibliographie des Expositions des Beaux-Arts de Paris, depuis 1801 jusqu'en 1873 inclusivement.

TABLES.

A la table des noms des artistes on a joint une table spéciale des critiques et de leurs auteurs nommés dans la bibliographie placée en tête de chaque Salon. On avait même songé à publier une table générale de tous les noms propres, comprenant non-seulement les personnages dont les portraits figurent aux livrets, les amateurs cités, les noms des villes auxquelles étaient destinées les œuvres d'art, mais encore tous les noms de l'histoire ou de la mythologie, enfin toutes les indications pouvant aider à faire retrouver l'auteur d'une œuvre non signée. Cette table aurait formé un répertoire complet des principales productions de l'École française au xviii⁰ siècle. Le manuscrit était entièrement préparé, mais l'exécution de ce projet rencontrait de graves difficultés ; on a dû y renoncer et s'en tenir au plan primitif, c'est-à-dire à l'indication seule des exposants.

Les *Notes sur les Salons du XVIII⁰ siècle* seront publiées séparément, et sans la table, avec les documents inédits qui ont servi à les rédiger.

NOTES

SUR LES SALONS DU XVIIIᵉ SIÈCLE

(1673-1800)

———

Une liste publiée au début de la réimpression des livrets du xviiiᵉ siècle, et due à M. Saint-Vincent Duvivier, établissait que le nombre des Salons de l'ancienne Académie ne correspondait pas exactement au nombre des livrets connus jusqu'ici. Il est peu probable qu'on retrouve désormais un exemplaire d'un livret encore ignoré. On peut donc considérer comme une liste définitive celle que nous avons reproduite. Il y aurait eu, de 1673 à 1791, trente-six catalogues de salons.

Mais il s'en faut qu'on en soit arrivé au même degré de certitude sur le nombre des Expositions dont aucun livret ne nous a conservé la date précise et la composition. M. Saint-Vincent Duvivier en compte neuf de 1667 à 1727; mais avant tout n'en a-t-il point omis? les registres qu'il a pu consulter n'offraient-ils aucune lacune, aucune omission? doit-on enfin admettre comme exposition, dans le sens strict du mot, certaines exhibitions organisées par l'Académie à l'occasion de quelque réjouissance publique?

Et d'abord il faut rayer, semble-t-il, de la liste de ces Expositions primitives sans livret, celles que notre auteur place en 1706 et en 1727. En 1706, l'Académie admet le public à visiter, à l'occasion de la fête du Roi, les morceaux de réception et les objets d'art lui appartenant; c'est-à-dire qu'elle invite les amateurs à pénétrer dans le sanctuaire, à examiner, mais pendant un jour seulement, les salles où se tenaient ses séances. Peut-on considérer cela comme une véritable Exposition?

En 1727, c'est autre chose. Le duc d'Antin a ouvert un concours entre un certain nombre d'artistes. Pour ne pas assumer la responsabilité d'un jugement difficile, il appelle les Académiciens eux-mêmes et le public à décider sur le mérite des concurrents. Les œuvres commandées par le Roi restent sous les yeux des visiteurs pendant tout un mois(1). Nous ne retrouvons pas là toutefois les caractères essentiels d'une Exposition, telle que nous la concevons maintenant, telle qu'elle était déjà comprise au xviiie siècle (2). Combien d'exhibitions analogues a-t-on vues de nos jours, qui ne doivent à aucun titre, bien qu'accompagnées de livrets et suivies de réclames et de critiques, figurer dans la liste des Salons de peinture. Aussi faut-il en rabattre,

---

(1) C'est ce concours qui fut l'objet d'une Description imprimée dont on trouvera la reproduction à la suite de ces notes.

(2) Voyez sur ce concours la *Correspondance de Grimm*, t. III, p. 348, 349.

jusqu'à nouvel ordre du moins, du chiffre d'Expositions sans livrets ajoutées par M. Saint-Vincent Duvivier aux Salons authentiques. Quand on aura retrouvé des détails plus précis sur ces fêtes académiques, nous verrons si nous devons nous montrer moins exclusif; mais jusque-là nous ne tiendrons compte que des trente-six Salons, bien connus mainnant, ouverts par l'ancienne Académie de peinture, depuis sa fondation jusqu'en 1791, année de sa suppression. C'est de ceux-là seulement que nous devons nous occuper; c'est sur ceux-là et sur ceux de la Révolution que nous allons donner quelques détails tirés des publications contemporaines ou puisés dans les Archives de l'ancienne Maison du Roi.

Le Surintendant ou le Directeur général des bâtiments du Roi ordonne et surveille les Expositions.

Par une marque de déférence, et aussi par un souvenir de l'intervention efficace de Colbert dans l'organisation des premières Expositions académiques, le ministre chargé de la haute direction des Beaux-Arts est toujours cité comme le promoteur officiel du Salon. Après Colbert, après Mansard, lorsque la surintendance est supprimée, le Directeur des Bâtiments hérite de la prérogative d'ordonner les Expositions. Pendant tout le cours du XVIII° siècle on voit les différents personnages qui se succédèrent dans cette charge, le duc d'Antin, M. Orry, M. Le Normand de Tournehem, le marquis de Marigny, l'abbé Terray, et enfin le comte d'Angiviller, figurer en tête du livret comme ordonnateurs de chaque Salon.

Voici en quelques mots les formalités qui précédaient l'ouverture de l'Exposition.

Le Directeur des Bâtiments, sur l'avis du Directeur ou du Secrétaire de l'Académie, qui se chargent au besoin de rappeler au ministre la date prochaine du Salon, soumet au Roi la proposition d'exposer les œuvres des Académiciens. Immédiatement après avoir obtenu l'autorisation du Souverain, il transmet au premier des officiers de la compagnie l'ordre de commencer les préparatifs. La date de l'ouverture est presque invariablement fixée au 25 août, jour de la fête du Roi.

Le rôle du Directeur des Bâtiments ne se borne pas à cette formalité. Il exerce personnellement une surveillance réelle sur l'organisation du Salon. Le livret lui est soumis avec les observations de l'Académicien chargé de sa rédaction, et il décide en dernier ressort des changements ou des retranchements à y apporter. Il s'occupe activement de donner à la solennité le plus d'éclat possible en invitant spécialement à y prendre part les artistes chargés de travaux pour le Roi. Il visite les salles d'exposition avant l'admission du public, afin que rien ne choque les bienséances ; et il fait retirer, de son autorité privée, les œuvres qui pourraient devenir l'occasion d'un scandale. Il prolonge à son gré la durée de l'Exposition. Il institue enfin le jury chargé d'exercer une censure sur les tableaux ou les statues envoyés par les membres eux-mêmes de l'Académie. Car l'institution d'un jury n'est pas, comme on pourrait le croire, une innovation moderne ; elle remonte au milieu du xviii⁰ siècle. Seulement à l'époque où les Salons étaient ouverts aux seuls Académiciens, le jury avait une mission différente, comme nous le verrons tout à l'heure, de celle qu'il a reçue de nos jours.

Composition des Salons.

Les Académiciens ou les Agréés de l'Académie avaient seuls le droit d'envoyer leurs œuvres au Salon. Ce privilége, qui nous paraît exorbitant aujourd'hui, n'offre plus le même caractère exclusif si on songe à l'organisation de l'ancienne Académie et aux conditions dans lesquelles avaient lieu ses Expositions.

Le nombre des membres de l'Académie Royale de peinture et de sculpture n'était point alors invariablement fixé à un chiffre restreint. Dès qu'un artiste avait donné des preuves de dispositions réelles, il obtenait assez facilement l'agrégation qui lui conférait le droit d'exposer au Louvre. Il dépendait de lui seul d'obtenir le titre d'Académicien. C'est ainsi qu'à une certaine époque (1) on compte près de cent Académiciens et de quarante agréés, sans comprendre dans ce nombre les honoraires amateurs ou honoraires associés libres. Tout artiste pouvant offrir la garantie d'une aptitude bien marquée pour son art pouvait, on le voit, rapidement obtenir l'accès de ces Expositions privilégiées.

Nous n'avons point à nous occuper de la constitution de l'ancienne Académie de peinture; mais on nous permettra de faire remarquer en passant que

---

(1) Voyez les Almanachs des Artistes de 1776 et 1777.

son mode de recrutement offrait de grands avantages sans aucun inconvénient. Accessible à toutes les manifestations du mérite, et recrutée dans les genres les plus divers, l'Académie ne donnait point à cette époque le triste spectacle de cet esprit de parti, de ces violences, de ces exclusions systématiques qui, de nos jours, ont souvent nui à sa considération. Toutefois les intérêts de l'art étaient sauvegardés, car les charges les plus importantes appartenaient de droit aux artistes qui s'étaient illustrés dans les genres les plus élevés et les plus difficiles ; ils conservaient ainsi une influence prépondérante dans la haute direction de l'enseignement confié à la compagnie.

Les anciennes Expositions n'étaient donc point aussi exclusives qu'on pourrait le croire au premier abord. Tout artiste un peu bien doué obtenait aisément le droit d'y paraître. D'ailleurs il ne faut point oublier non plus que l'Académie tenait de la faveur royale seule tous ses priviléges ; qu'elle devait au Roi non-seulement son existence, mais toutes ses ressources ; que les Expositions dont l'entrée était toujours gratuite se tenaient dans le Louvre, c'est-à-dire chez le Roi ; enfin que l'Académie, logée au Louvre, entretenue par la libéralité du Souverain, n'avait à supporter qu'une bien faible partie des dépenses qu'entraînait l'Exposition, tandis que la vente du livret devenait pour elle une source de revenus importants.

Rien de plus logique donc et de plus sage que la condition imposée aux artistes qui voulaient profiter du bénéfice de ces Expositions officielles. Libre à eux de renoncer aux avantages qu'entraînait l'admission à l'Académie, et d'aller demander aux expositions écourtées de la place Dauphine, ou plus tard à celles que parvint à organiser l'Académie de St-Luc, s'ils étaient en état de payer les frais élevés de réception dans la communauté, une publicité sans examen préalable et sans contrôle.

Le Jury.

Le rôle du jury auquel nous avons déjà fait allusion devait être, cela se conçoit, beaucoup plus restreint qu'aujourd'hui. L'idée de son institution appartient à M. Le Normand de Tournehem; il fit son apparition au Salon de 1748. On le trouve signalé dans la critique de ce Salon par Saint-Yves (1). Nous avons rencontré un document qui donne bien mieux que la brochure de Saint-Yves les véritables causes et les détails de cette innovation.

Dans une lettre adressée à Coypel au commencement de l'année 1748, après avoir invité les Académiciens à redoubler d'efforts et à donner à l'Exposition prochaine le plus d'éclat possible afin de justifier la faveur du Roi qui venait de se déclarer le protecteur de la compagnie, M. de Tournehem, alors Directeur général des Bâtiments, ajoutait judicieusement que ce n'est pas le grand nombre, mais le beau choix des tableaux qui rend les Expositions brillantes. Sans doute dans le cours des années précédentes avaient

---

(1) Observations sur les Arts et sur quelques morceaux de peinture et de sculpture exposés au Louvre en 1748 par Saint-Yves (p. 24).

été exposées des œuvres faibles et peu dignes du renom de leurs auteurs. Pour arriver au but désiré, M. de Tournehem ordonnait de faire déposer dans la galerie d'Apollon, au moins huit jours avant l'ouverture, c'est-à dire dès le 17 août, tous les tableaux envoyés par les artistes. Une commission composée du Directeur de l'Académie, de deux Recteurs, de deux adjoints à Recteurs et de douze autres membres élus par les Académiciens parmi les Professeurs et Conseillers, devait passer en revue les tableaux destinés à l'Exposition, les examiner sans partialité et sans passion, et exclure, par la voie du scrutin, ceux qu'ils ne jugeraient pas dignes d'être exposés.

Dès sa première apparition, le jury se trouve constitué suivant les règles de l'équité la plus stricte. Si les principaux officiers de l'Académie y entrent de droit, les Académiciens, c'est-à-dire tous les exposants, concourent à l'élection de la majorité des membres, ce qui est la meilleure garantie d'impartialité et le plus sûr moyen de prévenir toute récrimination. Enfin les juges sont invités à apporter dans leurs arrêts la plus complète indépendance ; et pour les préserver des animosités ou des rancunes auxquelles la publicité du vote pourrait donner naissance, le Directeur des Bâtiments décide que l'exclusion sera prononcée au scrutin secret. N'est-il pas assez curieux qu'on ait atteint, dès cette première expérience du jury, le dernier dégré de perfectionnement auquel nous soyons parvenus après des tâtonnements sans nombre et des plaintes générales ?

D'une lettre de M. de Marigny du 24 juillet 1755,

adressée à Cochin, secrétaire de l'Académie, il résulte que la commission instituée par M. de Tournehem en 1748 ne cessait de fonctionner régulièrement depuis cette époque.

Le rôle de ce jury primitif ne se bornait pas à statuer sur la valeur artistique des ouvrages destinés au Salon ; il devait aussi et surtout exercer un contrôle sévère sur leur moralité. Plusieurs fois des plaintes fort vives avaient été formulées sur l'indécence des ouvrages exposés. En 1763, un tableau de Baudouin (1), représentant un prêtre catéchisant des jeunes filles, avait été retiré sur la plainte de l'archevêque de Paris. Mais cet acte de sévérité semble avoir produit peu d'effet à en juger par une lettre de Pierre du 16 juin 1773 ; on y lit que le public avait été vivement choqué en 1771 des nudités et des choses hasardées, c'est le terme dont il se sert, admises à l'Exposition. Cette lettre fait aussi mention d'une particularité curieuse : les officiers de l'Académie n'étaient point soumis au contrôle de la Commission d'admission. C'était les *exempts* du temps. Aussi doivent-ils être invités particulièrement « à faire un choix dans leurs ouvrages qui exigent du nud. »

La correspondance de Pierre avec le Directeur des Bâtiments nous révèle l'existence du jury jusqu'aux derniers jours de l'ancienne Académie. Pierre écrit le 12 août 1785 : « Demain on examinera les morceaux qui seront admis au Salon, » et il ajoute qu'on sera

---

(1) C'est le n° 148 du livret, et non le n° 3o comme nous l'avons dit par erreur dans la notice bibliographique de 1763.

peut-être obligé de repousser une figure de Houdon à cause de son inconvenance. Le livret n'indique point de sujet auquel puisse s'appliquer la critique de Pierre. Il est donc probable que le célèbre sculpteur fut en 1785 la victime de la rigueur du jury.

Nous voyons à la même époque le premier peintre assiégé d'autres scrupules encore plus singuliers. Debucourt avait peint un ouvrage intitulé : Trait de bienfaisance du Roi. Ce sujet ne figure point au livret, et nous voyons par la correspondance conser-vée dans les Archives de la Maison du Roi que l'artiste n'obtint l'autorisation d'exposer son tableau qu'en changeant les traits de la figure principale et en supprimant du catalogue le titre primitif. Curieux signe des temps ! Les louanges les plus hyperboliques avaient à peine paru suffisantes pour honorer les vertus royales quelques années aupara-vant, et on n'osait même plus rendre au successeur de ces princes trop vantés un éloge mérité.

Sous les Expositions républicaines provoquées, soit par les Assemblées, comme en 1791 et en 1793, soit, comme plus tard, par les ministres, le jury fut très-probablement supprimé; n'était-il pas incom-patible avec les idées de liberté qui avaient ouvert à tous les artistes les portes de l'Exposition ? *L'avertis-sement* de 1799 nous apprend que pour cette année au moins, il n'y eut point de jury chargé d'exercer un contrôle sur le mérite des œuvres envoyées. Il en fut sans doute de même pour les autres Salons de la Révolution. Toutefois une commission était nommée pour veiller à l'organisation matérielle de l'Exposi-tion et au respect des lois et des mœurs.

Local des Expositions.

Les Expositions du xviiie siècle se tinrent, à très-peu d'exceptions près, dans le grand Salon du Louvre que nous appelons aujourd'hui le Salon Carré. La première dont le livret nous soit parvenu fut installée dans la cour du Palais Royal. En 1699, les exposants émigrèrent dans la grande galerie du Louvre, c'est-à-dire dans la galerie du bord de l'eau qui les reçut encore en 1704. Dès 1737, ils occupent le Salon Carré qui leur fut désormais consacré jusqu'au jour où la Révolution ouvrit l'accès de l'Exposition à tous les artistes (1). Dès lors l'ancien emplacement devenait insuffisant, et force fut aux organisateurs d'envahir la galerie, le vestibule et de placer des tableaux jusque dans l'escalier.

Nous ne pouvons ici nous étendre davantage sur la topographie du Louvre à cette époque. On retrouvera dans les plans de *l'Architecture française* de Blondel des renseignements précis qui feront mieux comprendre que toutes les explications écrites l'ancienne disposition du Salon Carré. On y voit figurer l'escalier qui donnait accès à cette époque à la salle d'exposition, et dont Gabriel de Saint-Aubin nous a conservé dans sa charmante eau-forte la vivante physionomie. Cet escalier débouchait dans l'angle du Salon Carré, à l'endroit où est aujourd'hui placée la *Belle Jardinière* de Raphaël. Les

---

(1) Voyez *Correspondance de Grimm*, T. III, p. 348-349.

b.

deux gravures de Martini fourniront des détails plus précis encore sur la disposition des deux Salons qu'elles représentent. On y reconnaît en effet les principaux tableaux énumérés dans le livret comme dans plusieurs autres eaux-fortes de la fin du xviiiᵉ siècle que nous avons indiquées à leur date.

Rédaction du Livret.

Le livret fut d'abord rédigé par le concierge de l'Académie qui exerçait en même temps les fonctions de trésorier (1).

----

(1) On ne songea pas tout d'abord à employer les numéros pour aider le public à retrouver les objets exposés. Dans les premiers livrets on décrit l'un après l'autre, en grand détail, chaque panneau, de manière que l'œuvre du même artiste, si elle ne se trouve pas au même endroit, sera éparpillée à travers tout le livret. On revint à ce système en 1791 et 93 ; mais son incommodité força bien vite l'administration à y renoncer. Le premier livret classé par numéros est celui de 1738. Malgré la simplicité des recherches avec ce nouveau procédé, on essaya un jour une amélioration qui rendait l'usage du livret · presque superflu. De distance en distance des cartouches, dont ceux du musée du Louvre peuvent donner une idée, indiquaient aux visiteurs le sujet et l'auteur des tableaux placés au-dessus. Cette innovation n'avait qu'un inconvénient, c'était de restreindre singulière-ment l'usage et par conséquent la vente du livret et le profit de l'Académie. Aussi l'essai fait une fois ne paraît-il pas avoir été renouvelé. Au reste l'entrée du Salon étant gratuite, le public qui venait le visiter était bien en état de payer un livret de douze sols.

Le secrétaire de la compagnie contrôlait son travail qu'on soumettait à l'approbation du directeur des Bâtiments avant de le livrer à l'imprimeur. C'est en 1738 que figure pour la première fois le nom du rédacteur. Il s'appelle Reydellet et prend le titre de concierge et receveur de l'Académie. Lépicié, alors secrétaire, était chargé de revoir la rédaction. Le produit de la vente, qui d'abord appartenait au corps académique et qui constituait une de ses principales ressources, fut peu à peu abandonné au concierge par la négligence de Lépicié. C'est au moins ce qui résulte d'une lettre fort curieuse de Cochin datée du 17 avril 1755.

A cette époque, le dernier concierge de l'Académie, était-ce Reydellet ou son successeur ? nous ne pourrions le dire, étant mort insolvable, et l'Académie s'étant trouvée obérée à la suite de cet événement, les fonctions de trésorier furent enlevées au concierge et séparées de celles de rédacteur du livret. Chardin devint trésorier, et Cochin, nommé secrétaire de l'Académie, s'occupa pendant plusieurs années de la composition du catalogue. Il nous apprend de plus, par une lettre du 5 août, que le préambule placé en tête du livret de 1755 est de lui. Ce renseignement donne à ce préambule très-bref, et où cependant l'auteur trouve le moyen de faire à la fois l'éloge du Roi, de M. de Marigny et de Mme de Pompadour, un intérêt particulier.

M. de Marigny, consulté par l'artiste, lui avait répondu que le produit du livret ne devait pas plus revenir au concierge qu'au secrétaire de l'Académie, mais au corps lui-même, et que la question ne pouvait présenter aucun doute. Cochin avait revendiqué la somme, mais pour en faire un don gracieux à ses confrères; toutefois la décision de M. de Marigny ne lui laissa pas même le mérite de cette générosité. En effet le Directeur des Bâtiments faisait observer judicieusement que l'usage constant laissait aux Académies le produit des ouvrages imprimés par elles, bien que le secrétaire seul fût chargé de la besogne.

Or, cette besogne devint bientôt une véritable corvée. Renou, qui remplaça Cochin dans les fonctions de rédacteur du livret, à une époque qui n'est pas exactement connue, mais probablement vers le temps où Pierre devint premier peintre, et où Cochin perdit du coup une partie de son influence et de ses fonctions, nous apprend par une lettre du 3 décembre 1783, les ennuis et la perte de temps que la rédaction du livret causait à l'académicien chargé de ce soin. Non seulement il devait tenir pendant deux mois sa porte ouverte à tous les artistes qui venaient, soit lui remettre des notices sur leurs envois, soit changer leurs indications primitives; mais il lui fallait encore répondre aux lettres des amateurs, propriétaires d'œuvres d'art envoyées à l'Exposition.

Le livret une fois composé, Renou devait en mettre au net trois copies, une pour le Directeur des Bâtiments, une autre pour l'imprimeur, et une troisième pour y inscrire les corrections nouvelles. Pour tout ce travail il lui était alloué 300 livres; l'expédition des copies absorbant la moitié de cette somme, il lui restait 150 livres comme indemnité de la perte de deux mois de son temps.

Et, en même temps, le concierge a deux sous et les modèles de l'Académie autant sur chaque volume vendu. Or, le dernier livret s'est vendu à près de vingt mille exemplaires, il a donc rapporté près de deux mille livres au concierge et deux autres mille livres aux modèles, tandis que l'artiste qui avait toute la peine recevait un dédommagement presque dérisoire.

Cette choquante disproportion frappa M. d'Angiviller, et il fixa pour l'avenir la rétribution du rédacteur du livret à 600 livres. Renou déclara qu'il n'osait pas espérer autant et continua ses ingrates fonctions jusqu'en 1791. Dans cette circonstance, s'il faut en croire le rapport du plaignant, Cochin se serait montré assez mauvais confrère. Lui qui demandait jadis les avantages pécuniaires que la vente procurait au concierge, se montra très-sévère pour la réclamation de Renou; il affecta d'être choqué de son avidité. N'était-ce pas bien austère, et avait-il le droit de traiter si durement un collègue moins fortuné, qui ne jouissait pas, comme il le fait fort bien observer lui-même, d'un revenu de neuf mille livres sur les libéralités du Roi aux artistes? En terminant, Renou se venge par un mot piquant du procédé peu loyal de son collègue : « C'est Sénèque, dit-il, au milieu de l'abondance, qui prêche le mépris des richesses. »

A qui doit-on la rédaction des livrets depuis 1793 jusqu'en 1800? L'Académie vient d'être emportée par la tourmente révolutionnaire, les anciennes traditions sont rompues. La direction suprême de ces fêtes artistiques passe en quelques années par différentes mains. En 1793, elle semble appartenir à une délégation nommée directement par les artistes eux-mêmes pour tomber, en 1795, dans les attributions du ministre de l'instruction publique, puis dans celles du ministre de l'intérieur les années suivantes. Il est probable que la rédaction du livret devient une pure affaire administrative et qu'elle restera désormais confiée à quelque employé d'un des bureaux ministériels. Le livret lui-même reste muet sur son auteur. Il est curieux de suivre d'année en année les différentes innovations qui furent alors tentées pour en rendre l'usage plus commode au public. Ne s'imagina-t-on pas en 1791 et 1793 de suivre dans l'impression du livret le classement des tableaux dans les salles, de manière à diviser l'œuvre du même artiste, à mêler tous les genres, à intercaler les statues et les gravures au milieu des peintures, à produire enfin une confusion générale au milieu de laquelle on n'arrive à se retrouver qu'au moyen de la table alphabétique placée à la fin du volume (1)!

On ne tarda pas à imaginer un système plus simple et plus logique qui rendait superflue l'addition de cette table. C'est celui qui est encore suivi de nos jours. Les exposants sont divisés par

---

(1) Il est à remarquer que le premier catalogue officiel du musée de peinture du Louvre, celui de 1793, est rédigé d'après le même principe; et c'est avec intention que les rédacteurs ont introduit cette variété ou plutôt ce désordre dans la composition du livret. Ils ont soin de nous prévenir qu'ils ont voulu rendre la visite du musée moins monotone et partant plus attrayante en divisant les œuvres d'un même auteur. Il est fort probable d'ailleurs qu'au Musée, comme au Salon, les rédacteurs du catalogue ont suivi le classement des tableaux sur les murailles.

catégories suivant les genres, en peintres, sculpteurs, architectes et graveurs, et sont classés dans chaque division suivant l'ordre alphabétique. Dès 1795 ce classement fut invariablement observé pour chaque Exposition.

On pourra aussi remarquer, comme un signe des préoccupations de l'époque, et comparer entre eux les curieux préambules placés en tête de chaque livret; le ministre lui-même prend la peine, sinon de les rédiger, au moins de les signer.

La préface de la plupart de ces livrets contient, ce passage qu'il est bon de noter : « Les retards trop habituels dans l'envoi des ouvrages et même des notices, quoiqu'on en ait prolongé le terme, pourront nécessiter un supplément. » On verra par la liste des livrets depuis cette époque jusqu'à nos jours que les habitudes n'ont guère changé. Jamais on n'a pu obtenir des exposants une exactitude complète, et il n'y a pour ainsi dire pas un livret depuis 1800 qui ne comporte un supplément ou une addition.

Les lecteurs qui voudraient avoir des détails plus étendus sur l'histoire et l'organisation des Expositions révolutionnaires, les trouveront dans *l'Histoire de l'art pendant la Révolution*, ouvrage posthume de M. Jules Renouvier, publié et annoté par M. Anatole de Montaiglon (1).

Impression, vente et prix des livrets.

Par un arrêt du Conseil d'État du Roi, le privilége

---

(1) Paris, 1863, in-8°, chez Mme veuve Renouard.

exclusif de faire imprimer, non seulement les livrets des expositions, mais aussi les conférences, dissertations, mémoires lus dans les réunions académiques, et aussi de faire graver les ouvrages des membres de la compagnie, fut accordé à l'Académie au mois de juin 1714. En vertu de cet arrêt, l'Académie choisit pour imprimeur ordinaire le sieur Collombat, déjà imprimeur des Bâtiments du Roi. On trouvera cette pièce curieuse, répétée à la fin de presque tous les livrets du XVIIIe siècle, à la suite de notre réimpression de celui de 1737. La charge d'imprimeur de l'Académie resta dans la famille Collombat jusqu'en 1763. Elle passa alors à Jean-Thomas Hérissant, acquéreur de l'imprimerie des Collombat, qui en fut officiellement investi par un article ajouté à la suite du privilége et reproduit dans notre bibliographie de 1765. La veuve Hérissant conserva l'impression des livrets jusqu'en 1795. L'année suivante seulement, nous voyons figurer sur le titre une nouvelle maison, appelée l'Imprimerie des Sciences et des Arts. Peut-être est-ce simplement la même imprimerie qui a adopté ce nouveau nom pour se conformer au goût du temps.

Quelques notes recueillies çà et là dans la correspondance administrative des Bâtiments du Roi nous permettent de déterminer exactement le prix de revient du livret, le prix de vente, le nombre des exemplaires vendus et le revenu net que cette affaire produisait à l'Académie.

Voici d'abord une facture détaillée de Collombat lui-même pour le livret de 1755. Il avait fourni huit mille exemplaires. Nous avons vu que d'après l'assertion de Renou la vente, en 1783, atteignait le chiffre de vingt mille (1). Une discussion s'était élevée entre l'imprimeur et l'Académie au sujet du payement. Au lieu de 120 livres par mille exemplaires, on ne voulait payer que 80 livres. Une transaction intervint, et il fut établi pour l'avenir que le prix ne dépasserait pas 70 livres par mille.

La note de Collombat se trouva réduite de 1179 l. 50 s. à 835 l. 5 s. Le détail de cette note fournit de curieux renseignements sur la distribution d'un certain nombre d'exemplaires. On en faisait dorer sur tranches et brocher en papier gaufré deux cent cinquante destinés sans nul doute aux membres de l'Académie de Peinture et probablement à ceux de l'Académie d'Architecture et à quelques commis des Bâtiments du Roi. L'exemplaire unique en maroquin bleu, aux armes royales, est très-certainement destiné à Louis XV, tandis que les treize exemplaires en maroquin rouge avec les mêmes armes ont dû être offerts aux membres de sa famille. Le marquis de Marigny et la favorite sont aussi bien traités que le Roi; chacun d'eux reçoit un exemplaire spécial à ses armes. Enfin, en cas d'oubli, on fait encore relier six autres livrets comme ceux de la famille royale, mais sans armes, et neuf autres avec dentelles et roulettes à fleurs de lis. Probablement ces derniers sont distribués aux ministres ou aux person-

---

(1) En 1763 Mathon de la Cour, dans ses lettres, évalue le nombre des visiteurs du Salon à sept ou huit cents personnes par jour « figurez-vous une salle immense où se réunissent tous les jours sept ou huit cents personnes de toutes les provinces et de presque toutes les nations. » Le Salon aurait eu alors, toute proportion gardée, autant de visiteurs qu'aujourd'hui.

nages de la Cour dont l'Académie tient à se ménager les bonnes grâces. Cela résulte d'ailleurs des termes d'une lettre de Pierre qui, en envoyant le 8 août le manuscrit du livret à M. d'Angiviller, le presse de renvoyer promptement le volume à l'imprimeur, afin qu'il puisse être distribué aux personnes de la Cour avant le 25, jour de l'ouverture du Salon.

Ces frais obligatoires n'augmentent que dans une très-faible proportion la note de l'imprimeur et, tout compris, chaque exemplaire ne revient guère qu'à 2 sols. D'après une note jointe à la lettre déjà citée de Renou, la vente de 20,000 exemplaires ayant dû produire 12,000 livres, il résulte que l'exemplaire se vendait 12 sous, ce qui laissait à l'Académie un bénéfice net de 10 sous. Elle en abandonnait deux à son concierge, dépositaire et vendeur du livret, et deux à ses modèles; il lui restait encore 6 sous pour faire face aux frais du Salon et pour son bénéfice. Or nous avons l'état des dépenses de plusieurs Salons. En 1755 les journées d'hommes employés à accrocher les tableaux, les clous, la corde et divers accessoires montent en total à 316 l. 4 s. Encore dans ce chiffre est comprise une dépense extraordinaire sur laquelle nous aurons à revenir, et qui ne se reproduit que très-rarement. En 1759 les frais divers de l'Exposition ne dépassent pas 222 livres.

Par des lettres des 16 juin 1771 et 1773, nous savons que l'Académie n'avait même pas à supporter les frais de la gratification de 250 l. donnée aux Suisses qui gardaient les salles du Louvre pendant la durée de l'Exposition. Cette somme était fournie à la compagnie sur les fonds des Bâtiments du Roi. Vers 1787 cette gratification est portée à 35o l., et au Salon de 1787, six invalides sont adjoints aux Suisses, *à cause des circonstances*. Il leur est accordé 3o l. en tout. Avant d'en finir avec les gardiens de l'Exposition, il est à noter qu'en 1789 on jugea prudent d'employer à ce service un corps moins impopulaire que les Suisses. On proposa la milice nationale; mais en fin de compte la garde et la police du Salon furent confiées par les administrateurs du district de Saint-Germain-l'Auxerrois aux élèves de l'Académie qui s'acquittèrent de ces fonctions à la satisfaction générale.

Un mémoire des dépenses causées par l'installation du Salon de 1783 fait voir que les frais avaient notablement augmenté depuis 1759. Ce mémoire monte à 758 l.; il comprend, il est vrai, les dépenses de toute nature causées par l'Exposition, et jusqu'à des gants fournis aux ouvriers pour manier les bordures. Ces ouvriers n'étaient autres que les modèles de l'Académie. Si les frais ont augmenté, les recettes s'étant accrues dans la même proportion, le profit de l'Académie est encore considérable. En effet nous possédons la copie d'un budget des recettes et des dépenses de l'Académie en 1783. Parmi les recettes figure en premiere ligne, avant même le produit de la location des boutiques du Pont-Neuf, celui de la vente du livret qui s'élève net à 3,5oo livres environ. Ce chiffre n'a rien d'exagéré, puisque l'Académie recevait près de 6,000 liv. comme nous venons de l'établir, l'impression et la commission du vendeur payées.

Tapissiers et décorateurs des Expositions.

Dès l'origine des Salons de peinture un artiste fut chargé par ses confrères de veiller à l'arrangement et à la décoration des salles d'Exposition, au placement des tableaux et des statues. Ce n'était pas une petite affaire, et le malheureux investi de ces délicates fonctions était en butte à bien des griefs et à d'interminables réclamations.

Le livret de 1673 n'indique pas le décorateur du Salon. Mais, dès 1699, l'artiste chargé de ce soin est nommé. C'est d'abord un peintre de paysage, Hérault; il conserve ces fonctions pour le Salon de 1704. Quand les Expositions de l'Académie recommencent, en 1737, Hérault n'existe plus; un autre académicien, Stiémart, est devenu décorateur de l'Exposition et garde cette charge jusqu'en 1740 ou 1741 ; le livret de 1741 ne nomme pas le décorateur pour cette année.

A Stiémart succède Portail en 1742. Le lecteur pourra trouver des détails très-complets sur ce peintre peu connu dans la notice biographique que lui a consacrée M. le marquis de Chennevières dans les *Portraits inédits d'artistes français* et dans une note rédigée par M. de Montaiglon pour le premier volume des Publications de la *Société de l'Histoire de l'Art français*. Portail figure d'ailleurs comme le tapissier en titre des Expositions dans la correspondance administrative des Bâtiments, et notamment dans une lettre de M. de Marigny du 24 juillet 1755. Il exerçait en même temps les fonctions de garde des tableaux du Roi, et c'est en cette qualité que lui incombait l'arrangement du Salon. Mais à sa mort, arrivée vers la fin de l'année 1759, Cochin fit observer à M. de Marigny que la charge de garde des tableaux obligeant l'artiste qui en était investi à résider à Versailles, celui-ci ne pouvait surveiller l'arrangement de l'Exposition comme s'il avait habité Paris. En conséquence les fonctions de décorateur du Salon furent réunies à celles de trésorier de l'Académie, et c'est à la suite de cette décision que Chardin s'occupa, à partir de 1761, de la décoration du Salon. Il y mit tous ses soins, s'il faut en croire une lettre de Cochin du 11 février 1763, et y consacra beaucoup plus de temps que son prédécesseur. Aussi dès 1763 Cochin demande-t-il pour lui, à l'occasion du dérangement que lui cause l'Exposition, un supplément de pension qui fut immédiatement consenti par M. de Marigny.

Chardin avait déjà plus de soixante ans quand il fut chargé de l'arrangement des Salons. Il fut obligé, avant la fin de sa vie, de se débarrasser de cette corvée assez fatigante sur un de ses confrères plus jeune et plus ingambe. En 1775, le décorateur est Vien ; aux deux Expositions suivantes, et probablement aussi en 1781, Lagrenée l'aîné et Renou, le rédacteur du livret, sont chargés ensemble de l'arrangement du Salon ; puis ce soin est confié, en 1783 et en 1785, à Amédée Van Loo. Nous ignorons le nom du décorateur des Expositions de 1787 et 1789 ; c'est peut-être Durameau ; c'est lui du moins qui organisa le Salon de 1791.

Nous venons de voir que Chardin avait obtenu en 1763 une augmentation de pension en raison des dérangements que lui causait la décoration du Salon; quand cette corvée fut imposée successivement à chacun des membres de l'Académie, on s'occupa de les rémunérer de leur peine d'une façon différente. Une lettre de M. d'Angiviller du 14 septembre 1779 approuve le don fait par l'Académie à Lagrenée l'aîné d'une bourse de 200 jetons d'argent en reconnaissance des soins donnés aux deux Expositions dont il s'était occupé, c'est-à-dire à celles de 1777 et 1779.

Dans les dernières années de l'Académie, les désagréments qu'entraînait l'organisation de l'Exposition dégoûtaient tous les artistes de cette besogne. Une lettre de Pierre du 20 juillet 1785 nous apprend qu'on eut beaucoup de peine à décider Amédée Van Loo à accepter une seconde fois ces fonctions désagréables. A force d'insistance, on obtint cependant son consentement, et c'est alors qu'il proposa des changements notables dans la disposition du Salon. L'emplacement était fort étroit; les Expositions devenaient chaque année plus nombreuses, et on était réduit à accrocher des tableaux au-dessus de la corniche. On proposa d'augmenter les parois de la salle en installant près des fenêtres des cloisons mobiles en planches, destinées à recevoir les petits tableaux. Cet agencement devait disparaître après la clôture et être remis en place pour le Salon suivant. Nous ignorons si M. d'Angiviller approuva la dépense proposée.

On employa plusieurs autres expédients pour donner satisfaction aux plaignants. Une lettre de Pierre du 24 septembre 1785, nous apprend qu'on imagina après la durée habituelle de l'Exposition, de descendre les tableaux commandés pour le Roi, tous placés à une très-grande hauteur, et de les exposer seuls aux regards du public pendant une semaine. D'une lettre de Cochin du 7 novembre suivant, il résulte que ce changement avait produit un très-heureux effet pour certaines œuvres et que Peyron notamment y avait singulièrement gagné (1). Mais si ce changement était avantageux aux bons tableaux, il était loin d'avoir le même résultat pour les œuvres médiocres. Ainsi que l'écrit Pierre le 7 octobre 1787 à la suite d'un remaniement analogue à celui de 1785, « les mauvais tableaux deviennent épouvantables dans l'examen des détails. »

Les sculpteurs n'étaient pas moins difficiles à contenter que les peintres. Ils changeaient sans cesse la place de leurs statues, quelquefois sans aucune autorisation, comme le prouve la singulière aventure de Caffiéri qui, en 1783, s'arrangea de manière à obstruer à la fois le passage et le jour de la fenêtre d'un bureau occupé par un employé des Bâtiments. Cette fois M. d'Angiviller n'y put tenir; il fit remettre à sa place primitive la statue déplacée (c'était proba-blement le modèle en plâtre de la figure de Molière)

---

(1) Déjà à plusieurs reprises la durée du Salon avait été prolongée pour donner le temps au public de voir des ouvrages arrivés en retard. Ainsi, en 1750, le Directeur des Bâtiments laisse le Salon ouvert jusqu'au 1er octobre, parce que les tableaux de de Troy, alors directeur de l'Académie de Rome, n'étaient arrivés que le 23 septembre. En 1779, l'empressement du public fit prolonger le Salon, qui devait fermer le 30 septembre, jusqu'au dimanche suivant 3 octobre.

et ne ménagea pas l'expression de son mécontentement.

Cependant on s'ingénia pour calmer les plaintes sans cesse croissantes des sculpteurs et empêcher leurs perpétuels déplacements. En 1787, Pierre imagina et soumit à l'approbation du Directeur des Bâtiments l'expédient suivant : Chaque sculpteur choisira dorénavant sa place par ordre d'ancienneté, et, ce choix une fois fait, aucune réclamation ne sera admise.

En 1791, ce fut une bien autre difficulté. Les Salons académiques comptaient deux cent cinquante à trois cents numéros; jamais le nombre des œuvres exposées n'avait dépassé le chiffre de trois cent cinquante, et tout d'un coup il fallait recevoir près de huit cents ouvrages. On ouvrit alors aux artistes la grande galerie du bord de l'eau, on installa comme on put des tableaux dans le vestibule, dans l'escalier; les statues envahirent jusqu'à la cour qui précédait l'entrée . Les indications du livret de 1791 donnent assez bien l'idée de cet encombrement général et du désordre qui s'ensuivit.

Il faut noter ici une importante modification apportée en 1789 à la disposition du Salon. Il avait été éclairé jusque-là par huit fenêtres latérales, six du côté de la rivière et deux du côté de la cour de l'Infante; on imagina, soit pour augmenter la place, soit pour procurer aux tableaux un jour plus favorable, de boucher ces fenêtres et d'éclairer la salle par le haut. Survint une tempête qui enleva une partie de la toiture et cassa un grand nombre de glaces. Cet accident, en montrant les inconvénients de l'innovation, fit décider qu'on reviendrait à l'ancien système; mais il est probable qu'on n'eut ni le temps ni le moyen d'opérer ce nouveau changement, et c'est très-vraisemblablement à l'administration de M. d'Angiviller qu'on doit l'installation primitive du vitrage qui surmonte le Salon Carré du Louvre.

Dès 1699, le directeur des Bâtiments du Roi profita de la publicité de l'Exposition pour mettre sous les yeux des visiteurs les plus belles tapisseries de la manufacture des Gobelins. Ces tapisseries ajoutaient en même temps à la richesse de la décoration du Salon. Plusieurs fois pendant le cours du XVIIIe siècle des ouvrages importants sortis de la manufacture royale furent employés au même usage. Nous n'insisterons pas davantage sur ce sujet. Notons toutefois un curieux détail. En 1791, au mois de décembre, au milieu des préoccupations politiques les plus graves, on s'occupait d'organiser au Louvre, dans l'ancien appartement des Pairs, une exhibition des produits de la manufacture royale de porcelaines. Il serait assez singulier que ce projet eût reçu son exécution dans un pareil moment.

Ces exhibitions de produits des manufactures royales prouvent qu'on ne négligeait aucun moyen de donner aux Salons de l'Académie le plus d'éclat et de splendeur possible.

On est revenu plusieurs fois depuis le commencement du siècle à cette ingénieuse disposition. Il existe même des catalogues des produits des manufactures nationales mis sous les yeux du public à diverses Expositions. Ces catalogues, indépendants du Livret officiel, sont peu connus et deviennent rares.

Concours et commandes.

Sans entrer dans de grands détails sur les encouragements donnés aux Beaux-Arts par l'ancienne monarchie, il n'est pas hors de propos de signaler ici les tableaux commandés pour le Roi ou pour les châteaux royaux, depuis l'année 1673 où les grandes batailles d'Alexandre furent exposées aux yeux du public, jusqu'à la veille de la Révolution, alors que M. d'Angiviller s'efforçait, par des séries de commandes, de soutenir la peinture historique presque abandonnée, et de lutter contre l'invasion générale des sujets de chevalet et des tableaux de genre.

· Tout d'abord, dans cet ordre d'idées, se présentent deux ou trois faits exceptionnels. Je veux parler des grands concours ouverts entre les peintres les plus renommés de l'Académie par le duc d'Antin et ensuite par M. Le Normand de Tournehem. Le premier eut lieu en 1727, le second vingt ans après, en 1747; malgré les précautions prises pour assurer l'impartialité des jugements, les résultats ne répondirent pas, on devait s'y attendre, à l'espérance des organisateurs de ces concours. Les mécontents, et tous ceux que le jugement de leurs pairs n'avait pas mis en première ligne étaient de ce nombre, protestèrent contre la décision des juges, et ces solennités n'eurent d'autre résultat que d'exciter entre les concurrents des jalousies sans fin. C'est probablement pour cela qu'on renonça à cette idée, et on fit bien.

M. d'Angiviller inaugura une autre méthode. Il chargea un certain nombre de peintres et de sculpteurs d'exécuter de grandes scènes historiques ou des figures d'hommes illustres; ces commandes devaient représenter aux Expositions périodiques le grand art qui tendait de plus en plus à disparaître. D'après une liste fort curieuse des différentes commandes faites dans ce sens de 1776 à 1791, on voit que chaque Salon devait recevoir une dizaine de tableaux de différentes tailles, variant de 13 pieds sur 10 à 8 sur 10. Les sujets, proposés par le Premier Peintre du Roi ou par les artistes eux-mêmes et définitivement choisis par le Directeur des Bâtiments, représentaient des actions héroïques, des traits de courage ou de vertu pris dans l'histoire ancienne ou dans l'histoire de France, et étaient destinés à composer ainsi une galerie des plus beaux faits historiques (1). Le prix de ces travaux variait, suivant les dimensions, entre 6,000 et 3,000 l. Il est à peine besoin de dire que les premiers artistes de l'Académie étaient, à tour de rôle, chargés de l'exécution de ces commandes, et que les plus célèbres obtenaient les sujets les plus importants.

Le nombre des sculpteurs étant plus limité et les frais de la sculpture dépassant ceux de la peinture, on ne commandait que quatre statues pour chaque

---

(1) La suite des tableaux et des statues commandés pour le Roi forme le sujet d'une brochure composée par un sieur Turpin qui obtint l'autorisation de la vendre à la porte du Salon. Cochin entreprit en 1785 de graver cette suite de tableaux avec l'assistance du graveur Née. Nous avons trouvé l'idée de ce projet dans une série de lettres de Cochin d'un très-vif intérêt que nous avons l'intention de publier prochainement.

Salon. Les modèles de ces statues étaient pris exclusivement parmi les grands hommes de la France. Les écrivains célèbres, les philosophes, les savants, les prélats illustres et les artistes étaient largement représentés dans cette sorte de Panthéon où les capitaines et les marins avaient aussi leur place. Ainsi les statues demandées pour les Expositions de 1777 et de 1779 devaient représenter Descartes, Sully, L'Hôpital, Fénelon, d'Aguesseau, Bossuet, Montesquieu, Corneille, c'est-à-dire des magistrats, des écrivains, des ministres, et pas un homme de guerre. Ce n'est qu'en 1787 et les années suivantes que Tourville, Catinat, Condé, Turenne, Vauban auront leur tour; mais sans qu'on oublie jamais les hommes qui ont fait honneur au pays par leur science, leur vertu ou leurs talents.

D'ailleurs nous publierons dans les documents inédits sur les Expositions la liste complète des ouvrages, tant de peinture que de sculpture, commandés par M. d'Angiviller pendant la durée de son ministère. On verra qu'un certain nombre de commandes n'ont jamais été exécutées, soit que les artistes fussent pressés par d'autres travaux, soit que le sujet ne leur eût pas convenu.

Nous avons déjà dit que ces ouvrages destinés au Roi n'étaient pas des mieux traités dans le classement des tableaux de l'Exposition. Comme ils dépassaient généralement la taille des autres cadres, on les accrochait tout en haut, presque hors de la portée de la vue. Pour remédier à ce grave inconvénient, on dut faire une seconde Exposition spéciale pour les tableaux du Roi, après celle des œuvres de tous les Académiciens. Au reste certains artistes ne justifiaient que trop cette sorte de dédain affecté pour ces œuvres de commande. M. d'Angiviller se plaint à plusieurs reprises dans sa correspondance que les tableaux destinés au Roi ne soient considérés par certains artistes que comme une sorte de gratification, et que leurs auteurs se préoccupent beaucoup moins de bien faire que de terminer lestement leur ouvrage. Souvent aussi ils négligeaient la commande du Roi pour d'autres et n'étaient pas prêts lors de l'exposition à laquelle ils devaient figurer. Le Directeur des Bâtiments était alors obligé de leur rappeler qu'il n'était pas convenable de sacrifier les tableaux destinés au Roi à ceux des particuliers et que les travaux ordonnés par lui devaient au contraire passer en première ligne.

Sans doute ces commandes n'auraient pas produit le résultat désiré par M. d'Angiviller, et il ne serait pas parvenu par ce moyen à remettre en honneur la peinture de sujets historiques tombée en discrédit. Mais il n'en faut pas moins savoir gré à ce ministre d'avoir vu le mal et d'avoir cherché à y remédier. La tâche était au-dessus de ses forces; mais cela ne diminue en rien le mérite de ses efforts qui furent certainement dirigés avec intelligence et dans le but le plus louable.

Pour compléter cet article, il faudrait exposer les encouragements accordés aux artistes pendant la période révolutionnaire. Mais ces développements nous entraîneraient trop loin. Nous renvoyons le lecteur à l'ouvrage déjà cité de M. Jules Renouvier sur l'art pendant la Révolution. Nous ne pourrions qu'abréger sommairement ici les détails qu'il renferme.

d

On y trouvera la preuve que la sollicitude de la Convention et ensuite du Directoire s'étendit, malgré les difficultés d'une situation sans pareille, sur l'art et sur les artistes, que les divers gouvernements qui se succédèrent alors s'efforcèrent de suppléer, dans la mesure de leurs moyens, aux ressources que les circonstances enlevaient aux hommes de mérite. On vit figurer aux divers Salons les tableaux d'encouragement commandés par le ministère. M. J. Renouvier a fait grand usage des livrets de cette époque pour constater l'état de l'art pendant la Révolution. C'est une preuve nouvelle et décisive des renseignements que renferment ces documents si arides en apparence.

Particularités de certaines Expositions.

Nous n'avons pas la prétention de relever tous les faits singuliers et dignes de remarque que fournit l'examen des livrets ou la lecture de la correspondance administrative relative à notre sujet. Nous nous contenterons de signaler quelques points principaux et de citer quelques œuvres singulières qui se recommandent par leur importance.

En 1755, le grand pastel de Latour aujourd'hui au Louvre, qui représente Mᵐᵉ de Pompadour, avait été l'objet d'une attention particulière de la part des organisateurs du Salon. On l'avait installé sur un chevalet, entouré d'une balustrade, et comme l'artiste n'avait probablement pas trouvé le jour favorable à son œuvre, elle avait été changée de place pendant le cours de l'Exposition. Aussi cet apparat entraîna en 1755 un surcroît de dépenses auquel nous avons précédemment fait allusion. Ordinairement de pareils honneurs étaient réservés aux effigies royales, et différentes lettres nous apprennent que les grands portraits officiels du Roi ou de la Reine étaient ordinairement entourés d'un appareil extraordinaire.

Le portrait de Louis XV par Carle Van Loo, exposé en 1751, fut placé sous un dais qu'on fit venir du garde-meuble à cette occasion.

Nous ignorons dans quelle circonstance et où fut exposé en 1787 le portrait de Marie-Antoinette par Mme Le Brun. Ce ne pouvait être au Salon de l'Académie fermé depuis plusieurs mois, et cependant il semble résulter d'une lettre du 19 janvier 1788 qu'à cette époque ce portrait avait été mis sous les yeux du public, puisque Pierre demande qu'on donne plus de pente au tableau. Il ne peut être question que d'un tableau actuellement exposé.

Ces deux exemples montrent suffisamment de quelle pompe étaient honorées les représentations des personnes royales.

Deux lettres de Gabriel l'architecte, et de Cochin, du 24 et du 30 septembre 1765, nous révèlent un fait bien autrement singulier et dont il faut avoir sous les yeux la preuve catégorique pour le croire. Le Dauphin, désirant connaître l'Exposition sans se déranger, ne trouvait rien de plus simple que de faire transporter de Paris à Versailles les tableaux et les statues les plus remarquables. On juge des inconvénients, sans parler des frais, d'un pareil déménagement. Toutefois, durant plusieurs années, on n'osa opposer au caprice du prince aucune objection. Enfin, en 1765, les personnes chargées de l'exécution de cette fantaisie s'enhardirent et, sur leurs représentations, le Dauphin renonça au déplacement des ouvrages exposés. C'est avec un empressement qui semble indiquer une certaine satisfaction que Cochin envoie à M. de Marigny avis de ce contre-ordre. Il a tellement hâte de le prévenir qu'après lui avoir écrit à son domicile, il lui envoie une autre lettre chez Mme Geoffrin dans l'espérance que celle-ci lui arrivera plus tôt que l'autre. Il ne lui restait d'ailleurs pas de temps à perdre; sa lettre porte la date du 30 septembre, et ce singulier voyage devait commencer le premier octobre.

Ordinairement le Roi et les personnes de sa famille ou de la Cour prenaient la peine de se déranger pour venir visiter le Salon, soit avant l'ouverture, soit un jour fixé à l'avance et pendant lequel le public n'était pas admis. Pierre nous a conservé dans une lettre du 28 août 1783 le souvenir d'une visite de Mme Elisabeth accompagnée de Madame, sœur du Roi, et suivie de près de la comtesse d'Artois. On voit à la confession ingénue du premier peintre dans quel trouble l'avait jeté cette visite imprévue.

Les personnes de la famille royale n'étaient pas les seules qui réclamassent le privilége d'être admises au Salon soit avant l'ouverture, soit à des heures interdites au public. Plusieurs demandes dans ce sens sont adressées à M. d'Angiviller pour ce Salon de 1783 par la marquise de Choiseul la Baume, et par MM. Hocquet, de Laborde, de Pio. Naturellement chacun des solliciteurs a d'excellents motifs à invoquer à l'appui de sa demande; chacun d'eux obtient d'ailleurs très-aisément la permission désirée. Même remarque pour l'année 1785. Le nombre des visiteurs privilégiés va en augmentant. Nous connaissons les noms de neuf d'entre eux; quelques-uns ne se contentent pas d'une seule visite, et, après avoir obtenu une première permission, ne craignent pas d'en solliciter une seconde. Et très-probablement la plupart des suppliques de ces demandeurs importuns ne nous sont pas parvenues. De celles que nous connaissons nous pouvons conclure que le nombre en était grand.

Une autorisation qui est plus d'une fois demandée, mais qui est moins facilement accordée, est celle d'exposer parmi les œuvres des Académiciens certains objets d'art que leur auteur désire faire connaître du public. Sur ce point le Directeur des Bâtiments est inflexible; il sent bien qu'une fois une pareille permission donnée, il serait assiégé par la foule des amateurs importuns envers qui un refus est toujours embarrassant.

Tout au plus permet-il de placer à la porte du Salon, mais en dehors, et avec l'assentiment du premier peintre, les morceaux d'anatomie d'un sieur Pinçon et un dessin lavé à l'encre de Chine, représentant l'assaut et la prise de Mahon par un capitaine au régiment de Médoc, nommé Hardy.

Si l'accès du Salon est si difficile aux profanes, les abords en restent libres à tout le monde et on sait que la plupart des brochures si nombreuses qui parurent sur les derniers Salons académiques se vendaient aux portes du Louvre.

d.

En 1773 le Directeur des Bâtiments sut résister, comme en 1771, à une nouvelle demande qui se présentait cependant sous un haut patronage. Le duc d'Aumont, cet amateur passionné d'objets d'art, sollicitait pour Gouthières la permission de mettre au Salon deux tables de porphyre qu'il venait de monter. Il est plus que probable que le duc d'Aumont avait des motifs particuliers pour s'intéresser si vivement à ces deux ouvrages du fameux ciseleur. On voit en effet figurer au catalogue de sa vente sous le n° 318 deux tables de porphyre décorées en style égyptien par Gouthières. Elles furent achetées pour la Reine 23,999 l. 19 s. La supplique du noble duc n'eut pas plus d'effet que celles des sieurs Pinçon et Hardy. Sur la proposition de Pierre, consulté à ce sujet, Gouthières fut autorisé à placer ses tables hors du Salon, au rez-de-chaussée, à l'entrée des pièces qui servaient de passage de la cour au jardin de l'Infante. Il n'est pas besoin de dire que ces œuvres admises par faveur à la porte du Salon ne figuraient jamais au livret officiel de l'Académie. Certains critiques en ont cependant parlé dans leurs brochures.

L'Académie de Saint-Luc avait ouvert, comme on sait, vers le milieu du xviii° siècle, des Expositions rivales de celles de l'Académie royale; on connaît les livrets des sept Expositions de Saint-Luc. Quand les maîtrises et communautés furent supprimées par un édit royal, diverses tentatives furent faites pour donner aux artistes qui n'appartenaient pas au corps privilégié le moyen de soumettre leurs œuvres au jugement des amateurs. L'Académie voyait cette concurrence d'un œil jaloux et il n'est pas douteux qu'elle ait contribué de toutes ses forces à faire avorter ces essais. On retrouve la trace de cette préoccupation dans la curieuse lettre écrite par M. d'Angiviller à M. Lenoir pour le prier d'empêcher les Expositions du Colisée qu'il traite de déshonorantes pour les arts. Avec de si puissants adversaires, l'entreprise n'avait aucune chance de succès, et c'est ainsi que la tentative faite au Colisée en 1776 pour remplacer les Salons de la communauté de Saint-Luc ne put se renouveler. Cette opposition systématique de l'Académie et de l'administration à toute entreprise rivale de ses Expositions explique l'insuccès de Cahin de la Blancherie et du Salon de Correspondance. L'aventureux innovateur aurait eu de la peine à réussir sans cette redoutable inimitié; c'est merveille qu'il ait pu lutter quelques années dans des conditions aussi désavantageuses. Sur toute cette curieuse affaire, nous renvoyons le lecteur aux intéressants articles publiés par M. Emile Bellier de la Chavignerie, dans la *Revue universelle des arts*.

Critiques.

M. de Montaiglon s'est chargé de tracer à grands traits l'histoire des critiques de Salon au xviiie siècle. Il est inutile de recommencer un travail dont il a su fort bien s'acquitter. Nous ne nous arrêterons donc pas plus aux éloquentes improvisations de Diderot qu'aux niaises brochures dont un titre baroque faisait souvent tout le mérite. Nous ne pouvons nous empêcher toutefois de regretter que M. Walferdin n'ait pas mis encore à exécution le projet depuis si longtemps annoncé de donner une édition complète et définitive des Salons de Diderot. Cette honorable mission lui appartient à trop de titres pour que personne songe à marcher sur ses brisées; mais ce serait, nous semble-t-il, une raison de plus pour qu'il se préoccupât de donner satisfaction le plus tôt possible à l'impatience générale. On pourra toujours retrouver et réunir les Salons inédits qu'il a publiés dans la Revue de Paris en 1857, on pourra même profiter des notes substantielles qu'il a jointes à cette publication; mais personne ne connaît et n'aime Diderot comme M. Walferdin, et personne ne saurait en conséquence suppléer à ce que nous perdrons s'il ne se décide pas à nous donner l'édition promise.

Les critiques des Salons fourniraient, si on les dépouillait attentivement, beaucoup de renseignements précieux. Nous n'avons pas eu le loisir de nous livrer à ce travail assez fastidieux, et nous n'aurions pas la place d'en retracer ici les résultats. Contentons-nous de recueillir quelques détails dans la correspondance administrative de la maison du Roi, comme nous l'avons fait sur différents autres sujets.

Dès 1748 les critiques préoccupaient et chagrinaient fort les Exposants. Cela résulte d'une lettre de M. de Tournehem du 17 septembre; et cependant on n'était alors qu'aux débuts de ce nouveau genre littéraire et les Aristarques montraient encore une certaine modération relative. En vain M. de Tournehem conseillait aux artistes de n'opposer aux attaques de leurs détracteurs que le silence et le dédain, leur promettant que le mépris public ferait bien vite justice de l'impertinence des écrivains. L'amour-propre blessé ne se console pas si aisément, et l'Académie ne tarda pas à solliciter et à obtenir des mesures de répression contre les libelles que l'ouverture de chaque Salon faisait éclore. Une lettre de Cochin du 17 septembre 1765 nous apprend que, depuis plusieurs années déjà, M. de Malesherbes, puis M. de Sartines, avaient exigé des écrivains que leur manuscrit fût communiqué, avant l'impression, au Directeur des Bâtiments du Roi. L'autorisation d'imprimer n'était accordée que sur l'avis de ce personnage. Cochin demandait en outre que tout écrivain fût obligé à signer sa brochure, et ne pût abriter sa malveillance ou son ignorance sous le voile de l'anonyme.

Cependant la nécessité d'attirer l'attention du public, soit par l'excentricité du titre, soit par la singularité de la forme, soit par la malignité des appréciations, devait rendre ces piqûres de plus en plus insupportables aux Académiciens. Dans une correspondance relative aux critiques de 1779, nous voyons tour-à-tour le lieutenant de police et le Directeur des Bâtiments inviter les écrivains à la modération. M. d'Angiviller se plaint, dans une de ses lettres, que la plaisanterie arrive quelquefois « à égratigner jusqu'au sang. » D'ailleurs, ajoute-t-il, il s'est fait une loi de n'approuver et de ne désapprouver aucune de ces brochures, laissant au bon sens du public le soin d'en faire justice. Nous allons cependant le voir intervenir tout à l'heure quand le pamphlétaire ira trop loin et s'attaquera, non plus aux œuvres, mais à la personne et à la réputation de l'exposant. Une lettre de M. d'Angiviller de la même année 1779 demande la suppression de deux vers dans le *Miracle de nos jours.* Ce sont les vers suivants :

> C'est que tous les deux
> Ne sont pas de l'Académie (1).

Quelquefois cette correspondance nous apprend le nom de l'auteur d'une brochure anonyme. Ainsi *les Connaisseurs ou la matinée du Salon* est d'un certain Laus de Clauseau. Une autre critique était d'un nommé Gabiot, tout aussi inconnu dans la littérature que Laus de Clauseau. Peut-être le *Miracle de nos jours* doit-il être attribué à ce Des Lables qui s'empresse de se rendre aux observations provoquées par sa critique. Nous ignorons à quelle brochure fait allusion la lettre adressée à M. de Savigny par le Directeur des Bâtiments le 18 octobre. L'administration elle-même, comme on le voit dans cette lettre, commençait à être fatiguée des attaques de cette nuée d'écrivailleurs, d'autant plus qu'ils ne s'en tenaient pas à reprendre les ouvrages, mais se permettaient de blâmer le choix des sujets, et comme les plus importants étaient ordonnés par le Directeur des Bâtiments, cette critique devenait une censure directe de son administration.

On trouvera dans la bibliographie des critiques de 1779 un exemple du détour que prenaient les auteurs pour rétablir dans son intégrité leur œuvre mutilée par la censure. Ils distribuaient à leurs amis des exemplaires où on avait ajouté en manuscrit les morceaux ou les couplets retranchés à l'impression.

---

(1) En effet, sur l'édition imprimée du Miracle de nos jours on voit, page 28, les deux vers retranchés par M. d'Angiviller remplacés par deux lignes de points. Il s'agit de Greuze et de Fragonard qui faisaient partie de l'Académie, mais seulement à titre d'Agréés.

Nouvelle correspondance de M. Lenoir et du comte d'Angiviller au sujet des critiques de 1781. Comme par le passé, le Directeur des Bâtiments, tout en affectant le mépris le plus complet pour ces productions éphémères, retranche les traits les plus mordants; il avoue en même temps qu'il n'aurait pas laissé subsister grand'chose des brochures communiquées, s'il avait effacé « tout ce qui ne lui en plaît guère. »

En 1783 un fait plus grave se produisit. Les Académiciennes, mesdames Guyard, Vallayer-Coster et Lebrun furent grossièrement diffamées dans une brochure qui avait échappé à la surveillance du lieutenant de police. L'auteur, probablement quelque ennemi d'une de ces dames, sachant bien qu'il n'obtiendrait pas l'autorisation nécessaire pour imprimer, avait pris un moyen nouveau pour échapper à cette formalité. Il avait fait graver le texte de son pamphlet. Aussi ne fut-il connu que quand les libraires l'eurent mis en vente. Presque aussitôt après son apparition, une plainte de Mme Guyard amena la saisie, mais le principal dépositaire refusa obstinément de livrer le nom de l'auteur. Il est à supposer que les exemplaires de ce libelle en vers et gravé, comme nous l'avons dit, furent saisis rapidement et détruits avec un grand soin, car nous n'avons pu arriver à en connaître même le titre, et M. Chéron, qui a eu l'extrême obligeance de faire sur notre demande des recherches particulières à la Bibliothèque Nationale, n'a pas été plus heureux que nous. Nous ne pouvons plus compter que sur le hasard pour retrouver un jour un exemplaire de cette brochure que nous signalons à l'attention des bibliophiles.

Il nous reste à ajouter que M. de Montaiglon a déjà parlé de ces couplets satiriques dont la connaissance lui avait été révélée par une requête de Ducis à Mme d'Angiviller pour obtenir la suppression de la brochure. On juge par toutes ces démarches du scandale causé par cette critique introuvable.

Il fallait du reste que l'auteur eût dépassé toutes les bornes, car on s'étonne de trouver certaines attaques fort peu indirectes sur la vertu des dames académiciennes dans des écrits tolérés par la police. Qu'on lise le passage relatif à Mme Lebrun dans l'*Avis important d'une femme sur le Salon de* 1785 et on verra qu'il était permis d'aller bien loin sans encourir les rigueurs de M. Lenoir.

En 1785, le Directeur des Bâtiments ne crut pas devoir s'opposer à la publication d'une critique qui lui est signalée comme des plus mordantes. Il s'agissait de *l'Espion des Peintres de l'Académie Royale.* On attribue cette brochure à Nogaret; nous reproduisons ce renseignement sans garantir son authenticité, parce que le nom de l'auteur donnerait un peu plus d'intérêt et de poids à ses méchancetés anonymes.

Pour terminer cet article, il ne nous reste plus qu'à citer une lettre de Cochin, pleine de sens et de jugement, comme presque tout ce qu'il a écrit. Elle porte la date d'octobre 1787. En se plaignant de la recrudescence d'inepties dirigées contre les artistes, Cochin se contente de réclamer l'exécution de la règle imposée jadis par M. de Sartines aux écrivains, et il ajoute très-judicieusement que puisqu'un artiste signe son œuvre, celui qui le critique doit également signer sa brochure. Cochin impute à Pierre l'abandon de cette mesure protectrice, et il ne se gêne pas pour exprimer sa rancune contre le premier Peintre du Roi. Il nous apprend enfin qu'il songeait à venger plusieurs de ses confrères des attaques du Journal de Paris en répondant lui-même à l'auteur des articles. On sait que ce n'était pas la première fois que le spirituel graveur descendait dans la lice pour se faire le champion des Académiciens, et il était de force à se mesurer sans désavantage avec tous les méchants Salonniers de l'époque. Toutefois en reconnaissant la justesse de ses observations, M. d'Angiviller semble vouloir se dérober à un engagement formel, soit que l'influence de Pierre, dont Cochin se plaint si vivement, ait triomphé, soit que le Directeur des Bâtiments redoutât de se créer des embarras dans un moment où la presse s'affranchissait de toute crainte et de toute règle.

Tels sont les renseignements que nous avons pu recueillir sur les anciennes Expositions de peinture. Nous n'avons pas la prétention d'avoir épuisé le sujet, mais nous croyons ne rien laisser d'important derrière nous, et nous avons préféré en finir d'un coup avec les Salons du xviiie siècle, plutôt que d'attendre une autre occasion pour donner au public le résultat de nos recherches. Comme nos lecteurs ne s'intéressent pas tous également aux sources originales, comme d'ailleurs l'introduction d'une table ne comporte guère de longs développements, et encore moins l'insertion de pièces justificatives étendues, nous avons cherché à résumer dans les pages qui précèdent le contenu de ces documents inédits que nous ferons imprimer à un petit nombre d'exemplaires avec la notice, mais sans la

e

table des Salons. Ainsi pensons-nous donner satisfaction à tout le monde.

J. J. GUIFFREY.

ADDITIONS

Salons.

1737. Sur un exemplaire de la 2ᵉ édition, le blanc qui se trouve au bas de la p. 22, après : *le tout décoré par les soins de...*, est rempli par une note imprimée à part et collée sur la page, ainsi conçue :

OMISSION.

La Vertu enchaînée par l'Amour.

Deux figures en terre cuite ; l'une, Amphitrite sur les eaux ; l'autre, la Sagesse qui dompte l'Amour. Par M. *Vinache*, agréé de l'Académie.

1783. Il existe une édition de 315 nᵒˢ seulement, antérieure par conséquent aux quatre tirages décrits dans la Bibliographie de ce livret. Dans cette édition manque le nᵒ 312. Portrait de madame de la Ferté, par *Moreau le jeune*.

1798. Un amateur nous a dit avoir vu un exemplaire sur lequel la peinture allait du nᵒ 801 au nᵒ 820.

Critiques.

1743. Couplets satiriques sur quatre modèles de tombeaux pour le cardinal de Fleury exposés au Salon de 1743 (le projet de Vinache n'est pas mentionné).

Ce pamphlet a été publié dans les *Archives de l'art français*, par M. Jules Cousin (t. V, p. 62), d'après un manuscrit de la bibliothèque de l'Arsenal.

1748. Les lettres écrites de Paris à Bruxelles... (dont nous citons le manuscrit; p. 8) ont été publiées par la *Revue universelle des Arts* (t. X, p. 433-462).

1748. Observation sur les Arts... (par St-Yves), a en tête un frontispice gravé.

1750. Lettres de M. le Chevalier de Tincourt sur les tableaux exposés en 1750. — Paris, Merigot, 1751, (v. cat. Villot, 1870, n° 877).

1753. Le Salon, avec une eau-forte, in-8° 39 p., est attribué à Lacombe par M. P(ierre) D(eschamps). Voy. son catalogue. — Potier, 1863.

1753. Description d'un tableau allégorique de M. Delobel, peintre ordinaire du Roy et de l'Académie royale de peinture et de sculpture, sur l'avènement d'Henri IV à la couronne de France, exposé au salon du Louvre en 1753.

Manuscrit de 2 feuillets in-folio, publié dans les *Archives de l'art français* (t. VI, p. 23).

1763. Description des ouvrages de sculpture exposés au Sallon du Louvre en 1763. Supplément à la description des tableaux avec des Remarques par la même Société d'amateurs (s. l. n. d.), 15 p.

En tête de cette critique une note annonce qu'elle sera remise gratuitement aux personnes possédant déjà la description des tableaux. S'adresser aux bureaux du *Mercure* dont cette notice est extraite. Elle se termine par une liste des femmes académiciennes.

1775. Productions de messieurs de l'Académie royale de peinture et de sculpture. Compte-rendu du Salon de 1775, inséré dans l'Almanach des peintres de 1776, par l'abbé Le Brun. — Paris, Ve Duchesne, 1776 (p. 88-108).

1783. Avec le Malborough au Salon... outre les huit eaux-fortes doit se trouver une complainte gravée de 4 pages (Catalogue P. D.).

La pièce de Mercure et les Ombres est de PARISEAU.

Les Connaisseurs ou la Matinée au salon est d'un certain Laus de Clauseau.

Le Miracle de nos jours est très-probablement d'un nommé des Lables.

1785. L'espion des peintres de l'Académie royale est attribué à Nogaret par M. P. D..

Dans une édition, Les Tableaux ou réflexions tardives... sont attribués à Cochin (vente Lechaudé d'Anisy).

En tête d'un exemplaire de l'Avis important d'une femme sur le Sallon de 1785, on lit cette note manuscrite : « Critique qui a été au jour le 24 septembre et défendue le lendemain 25 dudit mois. » Probablement à cause des articles sur Mme Lebrun et Mme Guyard.

1787. Lettre sur les inscriptions pour mettre au bas de différents tableaux exposés au Sallon du Louvre, s. l. n. d. (Paris), in-8 (vente Lechaudé d'Anisy).

Examen des critiques... par M. C... attribué à Cochin par P. D. Serait-ce la réponse de Cochin annoncée dans une de ses lettres et dont nous parlons plus haut ? (voy. p. XLIX).

Lanlaire au salon par M. L. B. de B. (le baron de Batz, cat. P. D.).

e.

L'Ami des Artistes au Salon par l'A. R. est attribué à l'abbé Rive par le cat. P. D.

1791. On trouve une étude sur ce Salon dans les « Lettres choisies sur les principaux évènements de la Révolution par le marquis Charles de Villette » à Paris, chez les marchands de nouveautés et chez Clousier, imprimeur, rue de Sorbonne, 1792 in-8° de iv-336 p. avec un portrait gravé par Gaucher. Voy. sur le salon, p. 234 à 246.

1791. A la notice bibliographique du salon de 1791 nous croyons devoir joindre la mention des pièces suivantes. Elles ont un rapport trop immédiat avec le bouleversement radical qui s'opéra à cette époque dans la composition des Expositions officielles, pour qu'il n'y ait pas intérêt à en signaler l'existence bien qu'elles n'aient rien de commun avec les critiques des Salons.

1° Projet de décret du Comité d'instruction publique sur les réclamations des artistes qui ont exposé au Salon du Louvre, imprimé par ordre de l'Assemblée nationale (17 septembre), Imp. nat.   2 pages.

2° Opinion de M. Huet-Froberville, député du département du Loiret, sur le rapport du Comité d'instruction publique et sur la pétition des Artistes concernant la nomination des Juges pour les prix d'encouragement accordés aux Arts par l'Assemblée nationale Constituante (s. l. n. d.).   11 p.

3° Rapport et projet de décret présentés à l'Assemblée nationale par M. Quatremère au nom du

Comité d'instruction publique, le 14 novembre 1791, sur les réclamations des artistes qui ont exposé au Salon du Louvre à Paris. De l'imprimerie nationale. 1791.   9 p.

4° Rapport du Ministre de l'intérieur fait à l'Assemblée nationale le 28 novembre 1791, relativement à la clôture de l'exposition des tableaux au Salon du Louvre (les Artistes voulaient retirer leurs tableaux alléguant que l'Exposition qui avait été prolongée devenait déserte).   3 p.

5° Projet de décret présenté à l'Assemblé nationale au nom du Comité de l'instruction publique par M. Romme le 29 novembre et ajourné au samedi 3 décembre 1791 sur les réclamations des Artistes qui ont exposé au Salon du Louvre (ce décret porte principalement sur le mode de répartition des travaux d'encouragement). Imp. nat.   4 p.

CONCOURS DE 1727 [1].

Nous faisons précéder l'explication des tableaux envoyés à ce concours de la note publiée par le Mercure de France du mois de juillet à cette occasion.

« Le duc d'Antin, surintendant des Bâtiments du Roi et protecteur de l'Académie, annonce en 1726 qu'il a obtenu du Roi une somme de 5000 l. pour récompenser ceux des peintres de l'Académie qui feroient les deux plus beaux tableaux. Chacun eut le droit de choisir le sujet qu'il devoit traiter. Les dimensions furent fixées à 6 pieds de large sur 4 pieds 1/2 de haut.

» Douze peintres prirent part au concours. L'Exposition eut lieu durant mai et une partie de juin

---

(1) Nous publions cette notice d'après la description imprimée en 4 pages in-4° dont nous n'avons eu connaissance que depuis l'impression des livrets. Mais cette exposition, comme nous l'avons dit plus haut, ne doit pas être comptée parmi les Salons. C'est un concours spécial entouré d'une solennité exceptionnelle qui n'a aucun des caractères d'une exposition ordinaire.

dans la galerie d'Apollon : De Troy le fils, Cazes, Charles Coypel, de Favanne, Lemoine, Restout, Collin, Noel Coypel, Massé, Courtin, Galloche et Dieu.

» 3o juin 1727. Distribution solennelle des prix. L'Assemblée s'assemble extraordinairement; M. de Boullogne, chevalier de Saint-Michel, 1er peintre du Roi et Directeur, accompagné des principaux officiers, alla recevoir le duc d'Antin à la descente de son carosse et le conduisit dans la grande salle où l'Académie assemblée l'attendoit. Dès qu'il eut pris séance, il fut complimenté par le secrétaire de l'Académie, M. de St-Gelais (nous passons le discours, il n'a aucun intérêt).

» Le duc d'Antin rendit les deux prix égaux et les composa chacun de 2500 ℔; il les accorda à MM. De Troy et Lemoine. Le Roi fit retenir pour lui le tableau de M. Ch. Coypel. »

EXPLICATION

DES TABLEAUX EXPOSEZ DANS LA GALLERIE D'APOLLON PAR MESSIEURS LES PEINTRES DE L'ACADÉMIE ROYALE DE PEINTURE ET DE SCULPTURE.

Au mois de may 1727.

A la première croisée en entrant : Tableau de 6 pieds fur 4 :

1. *Un Retour de chaſſe de Diane*. Diane revenue

de la chaſſe ſe repoſe dans un antre frais & ſe fait deshabiller par ſes Nymphes pour ſe baigner.

par M. De Troy, fils.

A côté tableau de même grandeur.

2. *La Naiſſance de Vénus.* Les poetes diſent qu'elle fut engendrée de l'écume de la mer. Les Amours voltigent autour d'elle : les Trittons joyeux de ſa naiſſance font retentir leurs conques marines; et les Naïades lui offrent à l'envi du corail et des perles, qui font les productions de la mer.

par M. Caχe.

A la deuxième croiſée : tableau de même grandeur.

3. *Andromede attachée à un rocher.* Perſé revenant de couper la tête à Méduſe apperçut Andromede, fille de Céphée, attachée à un rocher pour expier le crime de ſa mere Caſſiope qui s'eſtoit vantée de paſſer en beauté les Naïades : il combat le monſtre qui venoit pour la dévorer, le tue et épouſe Andromede.

par M. Ch. Ant. Coypel, neveu.

A côté: tableau de même grandeur.

4. *L'Amour filial d'Hérode.* Hérode, gouverneur de Judée, sous le règne de l'empereur Auguſte, allant à ſon gouvernement, emmene avec lui ſa mere, ſa ſœur & ſa future epouſe avec ſes officiers et ſes eſclaves. Le char qui portoit ſa mère s'étant renverſé en chemin, elle fut dangereuſement bleſſée à la tête; Hérode croyant que ſa mère alloit mourir, tire ſon épée pour ſe tuer et en eſt empêché par ses officiers.

par M. de Favanne.

A la troiſiéme croiſée : tableau de ſix pieds cinq pouces, ſur quatre pieds trois pouces.

5. *La Continence de Scipion.* Scipion, général

romain, à l'âge de trente-cinq ans aïant remporté une victoire fit pluſieurs eſclaves, et entr'autres la maîtreſſe du gouverneur de la ville pour en jouir. Mais ayant ſçu qu'elle eſtoit promiſe au gouverneur, il la lui rendit avec ſa mère, sans y avoir touché; et une partie de ce qu'il avoit remporté à la victoire.

par M. Lemoine.

A côté : tableau de six pieds sur quatre.

6. *L'Adieu d'Hector & d'Andromaque.* Hector, fils de Priam, roy de Troyes et frére de Paris, allant au combat contre le vaillant Achilles, capitaine grec, dit adieu à Andromaque, ſon épouſe & à ſa famille, recommandant ſon fils Aſtianax aux Dieux. Andromaque pleure, prévoyant le malheur d'Hector qui y fut tué par Achilles.

par M. *Reſtout*.

7. *La Maladie d'Antiochus.* Le Pere d'Antiochus l'Illuſtre s'étant marié en ſecondes noces, Antiochus devint amoureux de ſa belle-mére, dont il tomba malade de langueur, ne voulant point déclarer la cauſe de ſa maladie; mais ſon médecin s'en étant aperçu par l'agitation que lui cauſoit la préſence de ſa belle-mére, le déclara ſecrétement à ſon pere, lui parlant en ces termes : Sire, le prince eſt amoureux de ma femme ainſi il n'y a rien à eſpérer pour lui; ce que le Roi ayant entendu lui promit la moitié de ſon royaume s'il vouloit lui donner ſa femme. A quoi le médecin répartit : Sire, s'il étoit amoureux de la vôtre, la lui donneriez-vous? Il répondit : plut aux Dieux que ce fut la mienne. Le médecin répliqua : Sire, c'eſt de la votre qu'il eſt amoureux, non pas de la mienne; ce que voyant le Roi, il lui fit epouſer ſa

femme & par ce moyen rétablit la fanté de fon fils.

par M. *Colin.*

A côté : tableau de la même grandeur.

8. *L'enlèvement d'Europe.* Jupiter amoureux d'Europe, fille d'Agénor, roi de Phénicie, prit la forme d'un taureau & fe gliffa dans les troupeaux d'Agénor. Europe charmée de fa beauté & de fa douceur prit plaifir à le parer de fleurs fur le rivage & fe hafarda de monter deffus. Jupiter fe lança dans l'eau, emporta la princeffe dans l'Ile de Crète. Les Divinités de la mer le regardent avec curiofité. Zephir & les Amours favorifent fon entreprife.

par M. *Coypel* l'oncle (1).

A la cinquième croifée : tableau de même grandeur.

9. *La Jaloufie de Junon.* Junon, jaloufe de ce qu'Enée, fils de Vénus & d'Anchifes, alloit s'établir en Italie, engage Eole, dieu des vents, à exciter une tempête pour fubmerger fa flotte & lui promet pour récompenfe Driopée, la plus belle de fes nymphes.

par M. *Maffé.*

A côté : tableau de même grandeur.

10. *Syrinx changée en rofeau.* La nymphe Syrinx pourfuivie par le dieu Pan implore le secours du fleuve Ladon, fon pere, qui la reçoit dans fes bras & repouffe l'infolence du dieu Pan & la change en rofeau.

par M. *Courtin.*

A la fixieme croifée : tableau de même grandeur.

11. *Le combat d'Horacius Coclès.* Horacius Coclès

---

(1) C'est-à-dire Noel Nicolas, second fils de Noel, frère cadet d'Antoine et oncle de Charles Antoine nommé plus haut.

fait lui feul face à l'armée de l'ennemi à l'entrée du pont & les empêche de paſſer pendant que les Romains derriére lui détruifent le pont. Après la rupture du pont, il paſſa le Tibre à la nage au travers une grêle de traits que lançoient fes ennemis, & arrive heureuſement du côté des fiens. Par cette belle action, il préſerva la ville de Rome que les ennemis vouloient furprendre & piller.

par M. Dieu.

A côté : tableau de même grandeur.

12. *Hyppoméne & Attalante*. Pluſieurs rivaux s'empreſſoient auprès d'Attalante pour la mériter : fon pére inſtruit par l'oracle ne la voulut donner qu'à celui qui la vaincrait à la courfe. Hippoméne implore le fecours de Vénus qui lui donna trois pommes d'or; il les jette au milieu de fa courfe & pendant qu'Attalante s'arrête pour les ramaſſer, il prend le devant & fe rend le vainqueur.

par M. *Galoche*.

13. *L'Audience de l'Ambaſſadeur Turc au chateau des Tuilleries le* 21 *mars* 1723, *par* M. *Paroucelle*.

Permis d'imprimer et débiter ce 15 mai 1727. Signé : HÉRAULT.

De l'imprimerie de Sévestre. Pont St-Michel.

f

TABLE CHRONOLOGIQUE

DES

LIVRETS DES EXPOSITIONS OFFICIELLES DE BEAUX-ARTS

DE 1801 A 1873.

Cette table ne présentera pas, comme la bibliographie placée en tête de chacun des livrets réimprimés, la succession et les caractères distinctifs des différents tirages de chaque livret. Elle indique seulement le nombre des pages et des numéros de l'édition la plus complète, y compris, s'il y a lieu, les suppléments.

Dès les premières années de ce siècle, on adopta un système d'addition qui rend fort difficiles la recherche et la constatation du tirage définitif. En effet, en même temps qu'on ajoutait parfois à la suite du livret, comme par le passé, un ou plusieurs supplé-ments avec de nouveaux numéros, on intercalait dans le corps du volume, sans interrompre la série des articles et en se contentant d'ajouter un *bis,* les objets en retard dont la description n'occupait pas beaucoup de place. Ainsi est-il nécessaire de collationner numéro par numéro un grand nombre d'exemplaires pour découvrir ces additions peu apparentes. Il arrive même quelquefois qu'un second tirage ne comprend que quelques articles doubles ou triples et qu'une troisième ou une quatrième addition ont ajouté de nouveaux *bis* et de nouveaux *ter* aux complications du livret. On juge par là quelles difficultés on rencontre quand on se propose de retrouver l'édition la plus complète des livrets contemporains. Cette besogne aride et rebutante avait été préparée par un travailleur courageux à qui doit revenir le mérite de cette cons- tatation. C'est d'après les notes laissées à M. Hubert Lavigne par le regretté E. Bellier de la Chavignerie qu'ont été indiqués dans le tableau suivant les numéros *bis, ter* ou *quater* des différents livrets.

Il a paru inutile de donner à chaque exposition le titre détaillé du catalogue. La date qui suit la mention de l'année indique le jour de l'ouverture de l'exposition. On sait qu'après 1800 les salons de peinture ont reçu, comme auparavant, l'hospitalité au Louvre. Cet état de choses a duré jusqu'en 1848; les inconvénients qui résultaient de l'installation provisoire des œuvres modernes dans le Musée national du Louvre firent placer les Salons dans différents monuments de 1849 à 1853; ils ne trouvèrent enfin un asile définitif qu'après l'Exposition universelle de 1855, dans le palais construit pour elle et qui reçut depuis lors le nom de Palais des Champs-Élysées.

Bien que les notices bibliographiques aient été réduites au strict nécessaire, on a dû cependant ajouter à un certain nombre d'entre elles des déve- loppements nécessités par la publication d'une notice séparée du livret , mais cependant rédigée à l'occasion de l'exposition et ayant un caractère officiel. Parfois aussi, la complication extraordinaire des différents tirages (voy. 1850) exigeait des explications assez longues. Il est bon de remarquer que, jusqu'en 1814, les différentes sections, Peinture, Sculpture, etc., commencèrent toujours par le premier numéro d'une centaine ou d'une dizaine nouvelle, en laissant inachevée celle dans le cours de laquelle se terminait la précédente série. Ainsi le dernier numéro du livret ne doit pas être considéré comme le chiffre exact des objets exposés; on devra, pour le connaître, se reporter au catalogue et additionner ensemble les totaux de chaque section.

A partir de 1817 seulement l'ordre des numéros fut suivi sans interruption du commencement à la fin, et les suppléments eux-mêmes continuèrent purement et simplement les numéros du livret.

En 1853, le faux-titre du livret porte cette mention : 76ᵐᵉ *exposition des artistes vivants.* Cette indication disparut de certains livrets postérieurs, puis fut rétablie en 1857, 1866, 67, 68, 69, 70. Elle paraît maintenant définitivement consacrée par l'usage. Le prix des livrets a augmenté avec le nombre des numéros. On a vu que l'Académie au xviiie siècle comptait la vente du livret comme une des sources de ses plus clairs revenus. Elle le faisait payer alors 60 centimes. Le prix a, depuis 1800, été parfois abaissé à 50 centimes; mais il atteignait le plus souvent 75 centimes ou 1 franc. Depuis 1857, il était fixé à 1 franc 50 cent. Depuis 1872, le livret imprimé à l'imprimerie nationale ne coûte plus que 1 franc.

1801 — 15 fructidor an IX.

Un supplément, 92 pages, 720 n°°.

N°° *bis* : 24, 123, 159, 347, 368, 416, 710.

1802 — 15 fructidor an X.

Quatre suppléments, 120 pages, 1004 n°°.

N°° *bis* : 81 et quelquefois 216.

N° *ter* : 142.

1804 — 1°° jour complémentaire an XII.

Un supplément, 120 pages, 930 n°°.

N°° bis : 711, 903, 916, 922.

N°° *ter* : 909, 914.

N° *quater* : 905.

1806 — 15 septembre.

Un supplément, 128 pages, 705 n°°.

N° *bis* : 241.

1808 — 14 octobre, *second anniversaire de la bataille d'Iéna.*

120 pages, 834 n°°.

1810 — 5 novembre.

Un supplément, 138 pages, 1210 n°°.

N° *bis* : 733.

Une page blanche à la suite du livret est paginée 139. — La même année a lieu l'exposition des prix décennaux avec livret de 23 p. et 61 n°°.

1812 — 1 novembre.

Un supplément, 140 pages, 1353 n°°.

N°° *bis* : 526, 1315.

N° *quater* : 1342.

1814 — 1 novembre.

Un supplément, 140 pages, 1442 n°°.

f.

N⁰ˢ *bis* : 159, 489, 530, 669, 1237, 1373.

Il y a de nombreux tirages de ce livret différant les uns des autres par des détails insignifiants.

1817 — 24 avril.

Deux suppléments et une addition, 125 pages, 1100 n⁰ˢ.

1819 — 25 août.

Un supplément et un errata, 180 pages, 1702 n⁰ˢ.
N⁰ˢ *bis* : 40, 407, 524, 673, 820, 1152.

1822 — 24 avril.

Deux suppléments, 198 pages, 1802 n⁰ˢ.
N⁰ *quater* : 1693.

1824 — 25 août.

Deux suppléments, 258 pages, 2371 n⁰ˢ.
N⁰ˢ *bis* : 43, 2091.

1827 — 4 novembre.

Trois suppléments, 264 pages, 1834 n⁰ˢ.
N⁰ˢ *bis* : 1567, 1639, 1659, 1701, 1765.
Nombreux tirages différents; suppléments publiés isolément.

1831 — 1 mai.

Six suppléments, 278 pages, 3182 n⁰ˢ.
N⁰ *bis* : 1063.

1833 — 1 mars.

Un supplément, 260 pages, 3318 n⁰ˢ.

1834 — 1 mars.

216 pages, 3314 n⁰ˢ.
N⁰ *bis* : 573.

En tête de ce livret doit se trouver une notice de 22 p. intitulée : *Musée Royal*, donnant la description des travaux de décoration et surtout des plafonds exécutés au Louvre à cette époque.

1835 — 1 mars.

Un supplément, 250 pages, 2536 n⁰ˢ.

1836 — 1 mars.

228 pages, 2122 n⁰ˢ.

N⁰ˢ *bis* : 222, 544, 775.

1837 — 1 mars.

226 pages, 2130 n⁰ˢ.

1838 — 1 mars.

228 pages, 2031 n⁰ˢ.

1839 — 1 mars.

261 pages, 2404 n⁰ˢ.

1840 — 5 mars.

213 pages, 1849 n⁰ˢ.

1841 — 15 mars.

264 pages, 2280 n⁰ˢ.

1842 — 15 mars.

251 pages, 2121 n⁰ˢ.

1843 — 15 mars.

227 pages, 1597 n⁰ˢ. Avec une table alphabétique des exposants.

1844 — 15 mars.

345 pages, 2423 n⁰ˢ. Table alphabétique.

1845 — 15 mars.

331 pages, 2332 n⁰ˢ. Table alphabétique.

1846 — 16 mars.

355 pages, 2412 n⁰ˢ. Table alphabétique et *Indication*

par ordre de salle des ouvrages faisant partie de l'Exposition.

1847 — 16 mars.

326 pages, 2321 n°°. Table alphabétique et Indication par ordre de salle, etc...

1848 — 15 mars.

395 pages, 5180 n°°. — Le format du livret devient un peu plus grand.

On vendait à la porte de l'Exposition une petite brochure de 12 pages destinée à réparer les omissions du livret officiel.

1849 — 15 juin (aux Tuileries).

234 pages et un errata formant une page de plus non numérotée. 2586 n°°.

Il faut joindre à ce livret une *Notice historique sur le palais des Tuileries*, in-12, 21 ou 24 pages (2 édit.).

1850 — 26 décembre (au Palais-Royal).

Un supplément, 332 pages, 3923 n°°, avec 2 plans des salles et 2 pages explicatives des plans.

Les numéros du supplément se trouvent intercalés à leur ordre alphabétique dans un tirage postérieur audit supplément qui a le même nombre de pages et de n°° que le premier. Ce sont les n°° 36 à 36 8°, 384, 390 1° et 2°, 1084, 1085, 1118 1° et 2°, 1928, 2086, 2229 à 2229 4°, 2473, 2505 1° et 2°, 2532 à 2532 3°.

N°° *bis* (en dehors de ces numéros supplémentaires): 38, 152, 1130, 1259, 1319, 1376, 1708, 1737, 1865, 2128, 2214, 3081, 3333, 3778, 3781, 3806, 3861, 3875, 3877.

Nombreux tirages différents.

A ce livret doit se joindre une notice historique sur le Palais-Royal, in-12, 21 p.

1852 — 1 avril (au Palais-Royal).

280 pages et 38 p. de liste alphabétique des exposants, plus deux plans de l'exposition, 1757 n°*.

Le sous-titre du livret porte : *soixante-quinʒième exposition des artistes vivants.*

1853 — 15 mai (aux Menus-Plaisirs).

296 pages et un plan de l'Exposition, 1768 n°*.

N°* *bis* : 385, 1057, 1738, 1741.

Il faut joindre à ce livret la *liste des artistes vivants ayant obtenu des récompenses antérieurement au 1 mai* 1853. In-12, 35 p.

1855 — 15 mai (au Palais des Beaux-Arts).
EXPOSITION UNIVERSELLE.

Quatre suppléments, 634 pages, 5129 n°*.

N°* *bis* : 539, 1516, 1592, 1744, 1855, 1938, 2893, 3164.

N° *ter* : 1744.

A joindre à ce livret, la liste des artistes français et étrangers exposants, 82 p. in-12.

1857 — 15 juin (Palais des Champs-Élysées).

488 pages, 3487 n°* (le relevé des travaux exécutés dans les monuments publics est inséré pour la première fois au livret).

N°* *bis* : 1497, 2195, 2908, 3140.

N°* *ter* : 2769, 2874.

1859 — 15 avril.

533 pages, 3894 n°*.

N°* *bis* : 487, 942, 1297, 2300, 2913, 3172, 3173.

1861 — 1 mai.

556 pages, 4102 n⁰ˢ.

Nᵒˢ *bis* : 205, 206, 207, 2556, 2924, 3439, 3970.

Nᵒ *ter* : 2556.

1863 — 1 mai.

414 pages, 2923 nᵒˢ.

Nᵒˢ *bis* : 32, 501, 1431, 1896, 2357, 2457, 2499, 2563.

Nᵒ *ter* : 790.

Nᵒ *quater* : 1269.

Le nᵒ 2577 se trouve répété cinq fois, avec les lettres A, B, C, D.

A ce livret on doit joindre le « *Catalogue des ouvrages de peinture, sculpture, etc... refusés par le jury de 1863, et exposés par décision de S. M. l'Empereur au Salon annexe, le 15 mai 1863. Prix 75 cen-times. Paris, in-12, 68 p. et 687 nᵒˢ.*

1864 — 1 mai.

613 pages, 3473 nᵒˢ.

Nᵒˢ *bis* : 108, 213, 353, 765, 2178.

1865 — 1 mai.

502 pages, 3559 nᵒˢ.

Nᵒˢ *bis* : 122, 2784, 3031.

1866 — 1 mai.

469 pages, 3338 nᵒˢ.

Nᵒˢ *bis* : 1281, 2192.

Nᵒˢ *ter* : 411, 2414.

1867 — 1 mai.

406 pages, 2745 nᵒˢ.

Nᵒˢ *bis* : 608, 1940, 2662.

Nᵒˢ *ter* : 1049, 1319.

Exposition Universelle : Le catalogue très-défectueux des œuvres d'art (groupe I, classes 1 à 5; Paris, Dentu) eut plusieurs tirages : 1° de 240 p. la Belgique ne s'y trouve pas; 2° Belgique ajoutée, 258 pages; 3° 288 pages. En outre, à la suite de chaque tirage se trouvent XII pages d'annonces et plusieurs feuillets blancs pour notes manuscrites.

1868 — 1 mai.

576 pages, 4213 n°°.
N° *bis* : 3853.

1869 — 1 mai.

629 pages, 4230 n°°.
N° *bis* : 1036.

1870 — 1 mai.

760 pages, 5434 n°°.
N° *bis* : 4887.

Le n° 1368 et sa description donnés dans le premier tirage ne se trouve plus dans celui où le n° 4887 est *bis*.

1872 — 10 mai.

338 pages, 2067 n°°.

Un certain nombre d'œuvres admises et déjà inscrites au Livret ayant été retirées spontanément par leurs auteurs sur la demande du gouvernement, les n°° que ces ouvrages avaient reçus ayant été purement supprimés, des cartons remplacèrent les pages où ils figuraient. Voici les n°° qui manquent : 3, 72, 507, 880, 1127, 1428, 1469, 1839. En outre, la page 163-4 a été remplacée par un carton, bien qu'aucun numéro ne manque.

D'après la pagination du livret, il manquerait

8 pages au commencement; on a dit que le compte-rendu de la distribution des récompenses du Salon précédent avait été retranché après l'impression.

1873 — 5 mai.

369 pages, 2142 nᵒˢ.

Le faux titre porte cette mention : 90ᵉ *exposition officielle depuis l'année* 1673.

Il faut joindre à ce livret le Catalogue de l'exposition des œuvres d'art refusées à l'exposition officielle de 1873 (Champs-Élysées). Imp. Martinet, in-8 de 27 p. et 422 nᵒˢ. Toutes les œuvres exposées ne figurent pas sur ce catalogue.

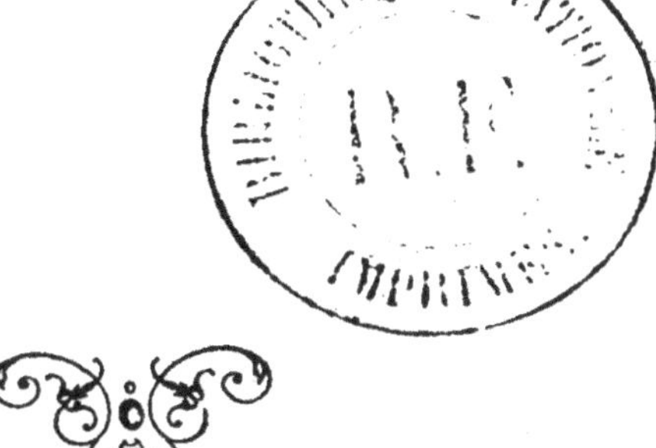

TABLE DES ARTISTES

AYANT EXPOSÉ AUX SALONS DE L'ACADÉMIE ROYALE

ET A CEUX DE LA RÉVOLUTION,

DE 1673 A 1800.

————

La table renvoie à l'année et à la page de notre réimpression. Quand un artiste a exposé plusieurs fois, pour éviter les répétitions, on a remplacé les deux premiers chiffres de l'année par un tiret; le chiffre indiquant la page est séparé de celui de l'année par un point et virgule. Ainsi l'indication suivante —39; 31 équivaut à année 1739, page 31. Plusieurs chiffres séparés seulement par une virgule indiquent les différentes pages du même livret auxquelles le lecteur devra se reporter.

Les abréviations sont les abréviations ordinaires : p. à la suite d'un nom veut dire peintre; sc., sculpteur; gr., graveur; arch., architecte; ing., ingénieur; dess., dessinateur.

A

Abel (Louis, p.) : 1800; p. 11.

Adam l'aîné (Louis Sigisbert, sc.) : 1737; p. 24, 26, 27, — 38; 31 — 39; 22, 23, 24, — 40; 15 — 41; 15 — 42; 15, 16 — 43; 16, 17 — 45; 20, 21 — 46; 17 — 47; 21, 22 — 48; 19 — 50; 18, 19 — 51; 30 — 53; 19.

Adam le jeune (Nicolas Sébastien, sc.) : 1737; p. 33

— 38; 31 — 39; 24 — 40; 28, 29 — 41; 28, 29 —
42; 30, 31 — 43; 35, 36 — 46; 26, 27 — 47; 31, 32
53; 31, 32 — 63; 35, 36 — 65; 36.

Attiret (M. L., arch.) ; 1796; p, 77.

Aubée (p.) : 1791; p. 25, 55 — 95; 13.

Aubry (Angélique, p.) : 1799; p. 14.

Aubry (Etienne, p.) : 1771; p. 38 — 73; 35, 36 — 75; 28, 29 — 77; 26, 27, 48 — 79; 31, 32 — 81; 29 — 87; 58.

Aubry (Louis p.) : 1798; p. 11 — 1800; 12.

Audebert (p.) : 1795; p. 13 — 96; 16.

Audouin (Pierre, gr.) : 1796; p. 80,

Audran (tapissier) : 1753; p. 15, 16.

August (p.) : 1796; p. 16.

Auguste ou *Augustin* (p.) : voy. *Dubourg* (Augustin).

Augustin (Jean Baptiste Jacques, p.) : 1791; p. 36, 55 — 93; 14, 75, 104 — 95; 14 — 96; 16, 29, 55 — 98; 11, 20, 23, 56 — 99; 14, 19, 23, 30 — 1800; 12, 26, 55, 86.

Auroux (Etienne, arch.) : 1793; p. 75.

Autereau père (Jacques, p.) : 1738; p. 29.

Autereau (Louis, p.) : 1738; p. 18, 22 — 39; 20 — 40; 29 — 43; 39 — 45; 30, 31 — 47; 27, 28 — 48; 23 — 50; 24 — 51; 31 — 55; 19 — 59; 18, 19.

Auzou (Mme Pauline —, née *Desmarquet-la-Chapelle*, p.) : 1793; p. 79, 108 — 95; 14 — 96; 16 — 98; 12 — 99; 14 — 1800; 12.

Aved (Jacques André Joseph, p.): 1737; p. 14, 15, 24, 25, 26, — 38; 16, 27, 31 — 39; 19, 21 — 40; 24, 25, 26, 32 — 41; 24, 26 — 42; 23, 24 — 43; 24 — 45; 24 — 46; 20, 21 — 47; 23 — 48; 22 — 50; 21 — 53; 22 — 55; 18 — 57; 16, 17 — 59; 17, 18.— 67; 40 — 87; 48.

Aveline (Pierre Alexandre, gr.) : 1738; p. 26, 27 — 39; 26 — 40; 30 — 41; 30 — 53; 34 — 57; 35.

Avril père (Jean Jacques, gr.) : 1791; p. 33, 39, 55 — 93; 45, 75 — 95; 84.

Avril fils (Jean Jacques, gr.) : 1791; p. 32, 55.

B

Babouot (Antoine, sc.) : 1791; p. 44, 55 — 93; 34, 75.

Baccari (Antoine, sc.) : 1791; p. 41, 54, 55— 93; 66, 75.

Bachelier (Jean Jacques, p.) : 1751; p. 29 — 53; 27 —55; 20, 21, 22 —57; 18 —59; 19, 20 —61; 19, 20 — 63; 20, 21 — 65; 16 — 67; 15 — 91; 16, 56 — 96; 58 — 99; 55 — 1800; 29, 55.

Bachiche (p.) : 1793; p. 34, 92.

Bacler d'Albe (Louis Albert Ghislain, baron de —, p. et ing.) : 1800; p. 12, 83.

Baër (gr. en pierres fines) : 1793; p. 44, 75.

Bailly (p.) : 1791; p. 52, 56.

Bajetti (arch. et dess.) : 1798; p. 12.

Baldrighi (p.) : 1757; p. 23.

Baltard (Louis Pierre, p.) : 1791; p. 29, 49, 56 — 93; 15, 23, 33, 47, 75 — 95; 14, 15 — 96; 16, 17, 77 — 98; 13, 78 — 99; 14, 15, 75, 82.

Balthasard (p.) : 1791; p. 15, 16, 20, 33, 40, 42, 45, 56 — 93; 46, 75, 107 — 1800; 11.

Balzac (Louis Charles, arch.) : 1793; p. 50, 54, 75, 93 — 95; 84.

Baptiste (Jean Baptiste Monnoyer, dit —, p.) : 1673; p. 34.

Baraban (p. sur porc.) : 1798; p. 13 — 1800; 13.

Barbier-Walbonne (Jacques Luc, p.) : 1798; p. 13.

Bardin (Jean, p.) : 1779; p. 38, 39, 40 — 81; 37 — 83; 37 — 85; 37 — 95; 15.

Barraband (p.). Voy. *Baraban.*

Barrois (p.) : 1791; p. 24, 56.

Barroy (sc.) : 1704; p. 38.

Barry (François, p.) : 1796; p. 17.

Bartolozzi (gr.) : 1786; p. 86.

Battoni (Pompeo —, p.) : 1779; p. 49 — 87; 56.

Baudesson (Jean François, p.): 1699; p. 17 — 1704; 42.

Baudesson (Nicolas, p.) : 1673; p. 32, 33.

Baudet (Etienne, gr.) : 1699; p. 25 — 1704; 18.

Baudiot (François, p.) : 1798; p. 13 — 99; 15.

Baudouin (Pierre Antoine, p.) : 1763; p. 30 — 65; 23 — 67; 21 — 69; 19 — 93; 37, 38.

Bauʒil (p.) : 1793; p. 54, 75, 93.

Baʒin (p.) : 1793; p. 92 — 95; 15 — 98; 14.

Beaubrun (Henri, p.) : 1673; p. 30.

Beaufort (Jacques Antoine, p.) : 1767; p. 34 — 69; 30 — 71; 30 — 73; 30 — 75; 21, 22 — 77; 24 — 79; 28, 29 — 81; 26, 27 — 83; 23, 24.

Beaurepaire (Mlle de —, p.), voy. Mlle *Chaceré de Beaurepaire*.

Beauvallet (Pierre Nicolas, sc.) : 1791; p. 39, 41, 42, 43, 44, 56 — 93; 60, 76 — 95; 63 — 96; 17 — 98; 71 — 1800; 67.

Beauvarlet (Jacques Firmin, gr.) : 1763; p. 38, 39 — 65; 41 — 67; 40, 41 — 69; 40 — 71; 50 — 73; 48 — 75; 42 — 77; 49, 50 — 79; 50 — 81; 51 — 83; 55 — 93; 40, 76 —1800; 81.

Beguyer de Chancourtois (René Louis Maurice, p.) : 1791; p. 12, 56 — 93; 33, 49, 78, 92, 106 — 96; 24, 25 — 98; 20 — 99; 20 — 1800; 23.

Bélanger (dess.) : 1793; p. 39.

Belin (Claude Alexandre, p.) : 1798; p. 14 — 99; 15.

Beljambe (gr.) : 1793; p. 42, 76.

Belle (Alexis Simon, p.) : 1704; p. 22, 37 — 45; 37 — 75; 41 — 77; 49.

Belle (Augustin Louis, p.): 1791; p. 48, 56 — 93; 25, 36, 37, 76 — 96; 17, 18 — 99; 15.

Belle (Clément Louis Marie Anne, p.) : 1759; p. 15 — 67; 15 — 71; 13, 14 — 96; 17 — 99; 15.

1.

Bellengé (Michel Bruno, p.) : 1763; p. 31 — 65; 24 —
67; 22 — 69; 19, 20 — 71; 22 — 73; 23, 24 — 75;
17 — 77; 19 — 79; 25.

Bellier (Jean François Marie, p.) : 1791; p. 20, 56 —
95; 15 — 99; 16.

Bellissard (arch.): 1799; p. 79,

Belloni (François, mosaïste): 1796; p. 88 — 1800; 86.

Benard (Pierre, p.) : 1796; p. 18.

Benazech (p.) : 1793; p. 109.

Benoist (Antoine, p. et sc.) : 1699; p. 13.

Benoist (Mme Marie Guilhelmine —, née *Laville-Le-
roux*, p.) : 1791; p. 19, 21, 25, 62 — 95; 39 — 96;
18 — 99; 90 — 1800; 45.

Berjon (Antoine, p.) : 1791; p. 16, 17, 18, 29, 56 —
96; 18, 19 — 98; 14 — 99; 16.

Bernard (Denis Alexandre, calligraphe) : 1796; p. 80.

Bernard (Joseph, calligraphe) : 1796; p. 88.

Bernard (Samuel, p.) : 1673; p. 30.

Bernard-Dagescy (p.) : 1791; p. 15, 25, 45, 46, 49,
53, 56.

Bernard-Dagescy (Mme —, p.) : 1791; p. 26.

Berruer (Pierre, sc.) : 1765; p. 38 — 67; 37 — 69;
36 — 71; 43 — 73; 39 — 75; 35, 36 — 77; 33, 44
— 79; 44 — 81; 43, 44 — 83; 50 — 85; 47 — 87;
49, 50 — 89; 45 — 93; 65, 66, 76 — 96; 74 —
1800; 69.

Bertaux (Jacques, p.) : 1793; p. 12, 18, 19, 20, 76,
100 — 95; 15 — 96; 19 — 1800; 13.

Berthault (Jean Pierre, gr.): 1787; p. 34 — 1800; 79,
85.

Berthélemy (sc.) : 1791; p. 38, 56 — 93; 58, 76.

Berthellemy (Jean Simon, p.) : 1777; p. 38 — 79;
37, 38 — 81; 32 — 83; 29, 30 — 85; 24, 25 — 87;
60 — 89; 20 — 91; 14, 23, 24, 39, 56 — 96; 40 —
98; 12, 14.

Bogel (p.) : 1791; p. 16, 56.

Boguet (Nicolas Didier, p.) : 1800; p. 15.

Boichot (Guillaume, sc.) : 1789; p. 51, 52 — 91; 24, 32, 38, 42, 56 — 93; 49, 52, 76 — 95; 63.

Boilly (Louis Léopold, p.) : 1793; p. 10, 13, 14, 35, 45, 76, 91 — 95; 16 — 96; 20 — 98; 15 — 99; 17 — 1800; 15.

Boischegrain (p.) : 1791; p. 31, 56.

Boisset (p.) : 1795; p. 88.

Boissieux (p. et gr.) : 1796; p. 33.

Boizot (Antoine, p.) : 1737; p. 20, 29 — 38; 21, 25, 26, 27 — 39; 14, 21 — 40; 25 — 41; 24 — 42; 25 — 43; 24, 25 — 45; 30 — 46; 23 — 47; 27 — 48; 23 — 50; 23, 24, 28 — 51; 26 — 53; 25 — 55; 19 — 57; 17 — 59; 18 — 61; 18, 19 — 63; 19, 20 — — 65; 18 — 71; 17.

Boizot (Louis Simon, sc.) : 1773; p. 43 — 75; 39 — 77; 46, 47 — 79; 45 — 81; 46 — 83; 52 — 85; 48 — 87; 50 — 89; 46, 47 — 91; 34, 57 — 93; 61, 62, 76 — 95; 64 — 96; 72, 86 — 98; 70 — 99; 68, 69 — 1800; 67.

Bonnefoi (gr.) : 1793; p. 45, 76.

Bonnemain (gr.) : 1793; p. 76.

Bonnemaison (Feréol, p.) : 1796; p. 20 — 98; 16 — 99; 17 — 1800; 16.

Bonneuil (Mme —, p.) : 1795; p. 16.

Bonneval (André, p.): 1795; p. 17 — 96; 20 — 98; 16.

Bonneville (p.) : 1793; p. 33, 50, 76, 99.

Bonnier (dess.) : 1793; p. 37.

Bonvoisin (Jean, p.) : 1791; p. 49, 57 — 93; 14, 24, 30, 31, 32, 33, 55, 56, 76 — 1800; 16.

Boquet (Pierre Jean, p.) : 1791; p. 15, 28, 45, 47, 48, 49, 56 — 93; 13, 14, 21, 31, 54, 76, 91, — 95; 17 — 96; 20, 21 — 98; 16, — 1800; 17.

Boquet (Simon Louis, sc.) : 1787; p. 54 — 89; 49 — 91; 39, 42, 56 — 93; 70, 76 — 98; 71 — 99; 68.

Boquet (p. en miniatures) : 1793, p. 11, 76, 92,

Boril, voy. *Bauʒil.*

Borilly (Jean Baptiste, p.): 1796; p. 21.

Bornet (p.) : 1798; p. 17,

Bosio (Jean François, p.) : 1793; p. 19, 20, 28, 30, 34, 49, 51, 76, 99, 100 — 98; 17, 86.

Bosset (Jean Frédéric, p.) : 1798; p. 17 — 1800; 17.

Bouchardon (Edme, sc.) : 1737; p. 31, 32 — 38; 29, 30 — 39; 22, 23, — 40; 28 — 41; 27, 28 — 43; 33, 34, 35 — 45; 23 — 46; 18 — 71; 49 — 96; 75.

Boucher (François, p.) : 1737; p. 18, 22, — 38; 16, 24 — 39; 14, 16, 19 — 40; 14 — 42; 14, 29 — 43; 15, 31, 32 — 45; 35, 37, 38 — 46; 15 — 47; 20 — 48; 16, 17, 26 — 50; 14, 15 — 51; 27 — 53; 15, 34, 36 — 55; 36, 39 — 57; 13, 32, 34 — 61; 13, 32, 34 — 63; 13, 37 — 65; 12, 13 — 67; 42 — 69; 11, 40 — 71; 51 — 73; 46, 47, 48, 49 — 75; 41, 44 — 79; 50 — 96; 44.

Bouchet (Louis André Gabriel, p.) : 1791; p. 30, 57 — 98; 17 — 1800; 17,

Bouchon (p.) : 1800; p. 17.

Bougault (p.) : 1795; p. 17.

Bouillard (Jacques, gr. et p.) : 1791; p. 32, 57 — 1800; 18, 79.

Bouillon (Pierre, p. et gr.) : 1796; p. 80, 81 — 99; 17, 18.

Boulanger (arch.) : 1791; p. 39, 57 — 93; 76, 97, 98 — 95; 73.

Bouliard (Mlle Marie Geneviève, p.) : 1791; p. 28, 57 — 93; 20, 22, 27, 52, 77, 102, 108 — 95; 17 — 96; 21, 22 — 98; 18.

Boyer (Jean Louis, sc.) : 1796; p. 72 — 99; 68 — 1800; 68.

Boyer (Michel, p.) : 1704; p. 45.

Boyer père, voy. *Royer* (Pierre, p.)

Boze (Joseph, p.) : 1791; p. 22, 27, 28, 29, 37, 45, 57.

Bréa (p.) : 1793; p. 13, 77.

Brenet (Nicolas Guy, p.) : 1763; p. 30 — 65; 26, 27 — 67; 26 — 69; 24, 25 — 71; 26, 27 — 73; 26 — 75; 12, 13 — 77; 12, 13 — 79; 17, 18 — 81; 15, 16 — 83; 16, 17, 59 — 85; 14 — 87; 14, 15 — 89; 10, 11 — 91; 19, 57 — 96; 35, 37 — 98; 32, 47 — 99; 31.

Briant (Jean, p.) ; 1796; p. 22, 23.

Briard (Gabriel, p.) : 1761; p. 27 — 65; 26 — 69; 24 — 96; 28, 31 — 98; 24, 28, 71 — 1800; 29.

Briceau (Mlle —, p.) : 1791; p. 43, 57.

Bridan (Charles Antoine, sc.) : 1765; p. 37 — 73; 41 — 75; 34, 35 — 77; 42 — 81; 43 — 83; 47 — 85; 44, 45 — 87; 48, 49 — 89; 44 — 91; 34, 57 — 93; 61, 77 — 96; 72 — 99; 68, 69 — 1800; 68, 69.

Bridan fils (Pierre Charles, sc.) : 1799; p. 68 — 1800; 68.

Brion (Louis, p.) : 1796; p. 23.

Broc (Jean) : 1800; p. 19.

Brocero (p.) : 1793; p. 53, 77.

Brochat (p.) : 1791; p. 15, 57.

Brongniart (Et. J., arch.) : 1795; p. 74 — 98; 78, 79.

Bruand, voy. *Bruandet*.

Bruandet (Lazare, p.) : 1791; p. 12, 19, 20, 52, 57 — 93; 17, 29, 30, 46, 48, 55, 77 — 95; 18 — 96; 23 — 99; 88.

Brullée (ing. et arch.) : 1796; p. 77, 78.

Brun (Nicolas Antoine, p.) : 1798 ; p. 19 — 1800, 19.

Brunet (sc.) : 1793; p. 58, 59, 77.

Bruyère (Mme Elise —, née Lebarbier, p.) : 1798; p. 19 — 1800; 19.

Bruyère jeune (sc.) : 1793; p. 36, 58, 77.

Budelot (Jean Baptiste, sc.) : 1791; p. 38, 42, 43, 57 — 93; 66, 67, 77 — 95; 64 — 96; 72 — 99; 69.

Budelot (Philippe, p.) : 1793; p. 19, 77,

Buguet (Henri, p.) : 1800; p. 19.

Buyster (Philippe de —, sc.) : 1673; p. 30.

C

Cabirole (sc.) : 1798; p. 88.

Cacault (Pierre René, p.) : 1795; p. 18 — 96; 23, 24 — 99; 18.

Cadet (Mme —, p.) : 1791; p. 17, 18, 43, 57.

Caffieri (Jean Jacques, sc.) : 1757; p. 30, 31 — 59; 29 — 61; 30 — 63; 35 — 65; 36 — 67; 36, 37 — 69; 34, 35 — 71; 40, 41 — 73; 37, 38 — 75; 34 — 77; 41, 42, 52 — 79; 42, 43 — 81; 43 — 83; 46, 47 — 85; 44 — 87; 47, 48 — 89; 43 — 98; 76.

Callamard (Charles Antoine, sc.) : 1793; p. 58, 77.

Callet (Antoine François, p.) : 1779; p. 38 — 81; 31 — 83; 28, 29 — 85; 24 — 87; 23 — 89; 19, 57 — 91; 44, 57 — 93; 34 — 95; 18, 19 — 98; 42 — 99; 18, 19, 43 — 1800; 16, 19, 20, 45.

Callier (p.) : 1795; p. 19.

Camus (Ponce, p.) : 1798; p. 19.

Canchy (sc.) : 1793; p. 60, 77.

Capet (Mlle Gabrielle Marie, p.) : 1791; p. 40, 57 — 93; 101 — 95; 19 — 98; 19 — 99; 88 — 1800; 20.

Caraffe (Armand Charles, p.) : 1793; p. 77, 110, 111

— 95; 19, 20 — 96; 24 — 99; 19 — 1800; 20, 21, 80.

Carat (p.) : 1791; p. 43.

Cardon (sc.) : 1793; p. 70, 77.

Caresme (Philippe, p.) : 1767; p. 33, 34 — 69; 30 — 71; 34, 35 — 75; 26, 27 — 77; 28.

Carlier (p.) : 1793; p. 77, 102.

Carmona (Salvador, gr.) : 1759; p. 34 — 65; 40.

Carpentier (arch.) : 1796; p. 79.

Cars (Laurent, gr.) : 1737; p. 27 — 38; 26 — 47; 34 — 53; 29 — 55; 35 — 57; 31 — 61; 32.

Cartellier (Pierre, sc.) : 1796; p. 72 — 1800; 69.

Caruelle (p.) : 1798; p. 86.

Casanova (p.) : 1763; p. 27, 28 — 65; 23 — 67; 20, 21 — 69; 19 — 71; 20, 21 — 75; 16, 17 — 79; 24, 25 — 81; 24 — 83; 24 — 96; 54, 63 — 98; 62 — 99; 25 — 1800; 89.

Castellan (Antoine Laurent, p.) : 1793; p. 33, 77, 107 — 95; 20 — 1800; 21.

Castello, voy. *Castellan.*

Castillon (jésuite, dess.) : 1769; p. 38.

Cathelin (Louis Jacques, gr.) ; 1775; p. 44 — 77; 50 — 79; 51 — 81; 52 — 83; 56 — 87; 56 — 89; 55 — 1800; 80.

Cazenave (p. et gr.) : 1795; p. 20.

Cazes (Pierre Jacques, p.) : 1704; p. 44 — 37; 12, 29 — 48; 14.

Cazin (J. B. Louis, p.) : 1791; p. 15, 28, 50, 57 — 93; 9, 11, 12, 13, 15, 18, 21, 23, 24, 31, 35, 77 — 95; 20 — 96; 24 — 98; 19, 20 — 1800; 22.

Cazin (Mme, p.) : 1793; p. 36, 77.

Cernel (Mme, p.) : 1793; p. 38, 77.

Chaalon (p.) : 1793; p. 77.

Chaceré de Beaurepaire (Mlle, p.) : 1798; p. 20 — 99; 19 — 1800; 86.

Chaise (Charles Edouard, p.) : 1791; p. 17, 46, 5o, 52, 57 — 93; 10, 28, 78.

Chalgrin (Jean François Thérèse, arch.) : 1799; p. 77 — 1800; 77.

Challes (Charles Michel Ange, p.) : 1753; p. 27 — 55; 22 — 57; 19 — 59; 16, 33 — 61; 17 — 63; 18 —65; 16.

Challes (Simon, sc.) : 1755; p. 32 — 57; 29, 3o — 59; 29 — 61; 29, 3o — 63; 35 — 65; 36, 37.

Challiou (P.-J., dess.) : 1800; p. 22.

Champagne (Jean Baptiste de —, p.) : 1673; p. 31.

Champagne (Philippe de —, p.) : 1673; p. 29.

Chancourtois (p.), voy. *Beguyer de Chancourtois.*

Chardin (Jean Baptiste Siméon, p.) : 1737; p. 13, 15, 18, 20, 21, 28, — 38; 14, 15, 25, 29 — 39; 13, 14 — 40; 21, 26, 27 — 41; 21, 26 — 42; 31 — 43; 20, 21, 37 — 45; 34, 37 — 46; 20 — 47; 23, 3o — 48; 21 + 5o; 28 — 51; 24 — 53; 21, 22, 29 — 55; 17, 36 — 57; 16, 34 — 59; 16, 17 — 61; 17, 18, 33 — 63; 18, 19 — 65; 17 — 67; 16 — 69; 15 — 71; 15 — 73; 18 — 75; 13 — 77; 17 — 79; 21 — 99; 52.

Chardin (Sébastien, sc.) : 1791; p. 38, 57 — 96; 78 — 1800; 69.

Charmeton (Georges, p.) : 1673; p. 34.

Charpentier (Jean Baptiste, p.) : 1791; p. 18, 19, 22, 23, 5o, 57 — 93; 11, 12, 15, 18, 19, 78, 92 — 95; 20, 21 — 96; 25 — 99; 20.

Charpentier (Me Julie —, sc.) : 1793; p. 67, 78 — 95; 21 — 96; 73 — 98; 20 — 99; 88, 89 — 1800; 23, 68.

Chasselat (Pierre, p.) : 1793; p. 26, 33, 78, 92 — 98; 21.

Chasteau (Guillaume, gr.) : 1673; p. 33.

Clavareau (Auguste François, dess.) : 1798; p. 22.

Clément (gr.) : 1798; p. 81.

Clérisseau (Charles Louis, p.) : 1773; p. 28 — 75; 20 — 83; 26, 27 — 96; 89 — 1800; 77.

Clodion (Michel —, sc.) : 1773; p. 43, 44 — 79; 47 — 83; 33, 53, 54 — 85; 28 — 93; 78.

Cloquet (Jean Baptiste Antoine, dessin.) : 1793; p. 84 — 99; 76 — 1800; 23, 24.

Cochin père (Charles Nicolas, gr.) : 1737; p. 28 — 39; 26 — 40; 27, — 42; 32, 33, 34 — 43; 32 — 46; 25 — 50; 27.

Cochin fils (Charles Nicolas, dess. et gr.) : 1741; p. 31 — 43; 32, 37 — 45; 36 — 46; 28 — 48; 27 — 50; 27, 30 — 53; 34, 36 — 55; 32, 33, 34, 38, 39 — 57; 31, 34 — 61; 32, 33, 37, 38 — 65; 38, 39 — 67; 38, 39, 42 — 69; 38, 41 — 71; 46, 49, 51 — 73; 46, 49 — 75; 40, 42, 44 — 77; 51, 52 — 79; 52, 53 — 81; 49, 50 — 83; 56, 57, 58 — 85; 53 — 91; 44 — 93; 37, 38, 111 — 96; 86.

Cointreau (Louise, p.) : 1793; p. 78, 98, 99.

Cointreau (Marie) : 1793; p. 78.

Colibert (Nicolas, gr.) : 1793; p. 36, 51, 78.

Colinion (p.) : 1793; p. 78, 102.

Colins (Mlle Sophie, p.) : 1796; p. 27.

Collas (Louis Antoine, p.) : 1798; p. 22 — 99; 21.

Collet (Jacques Auguste, sc.) : 1793; p. 58, 78, et addition au supplément.

Collet (Jean Baptiste, p.) : 1793; p. 78, 109.

Collin de Vermont (Hyacinthe, p.) : 1737; p. 16, 17, 18, 20, 22, 23, 25, 28 — 38; 16 — 40; 14, 15 — 43; 16 — 45; 18 — 46; 15, 16 — 50; 15, 16 — 51; 14 à 21 — 53; 16 — 55; 14 — 59; 13 — 69; 41 — 73; 47.

Collot (J. L., p.) : 1799; p. 21 — 1800; 24.

Colombel (Nicolas, p.) : 1699; p. 21 — 1704; 35.

Colon (p.) : 1799; p. 21 — 1800; 24.

Colson (Jean François Gille, p.) : 1793; p. 31, 33, 34, 78, 91, 104 — 95; 21 — 99; 89.

Combette (Joseph Marcellin, p.) : 1800; p. 25.

Contant (Pierre, arch.) : 1763; p. 24.

Contouly (Mlle M. S., p.). Voy. Mme *Lousier.*

Copia (Louis, gr.) : 1795; p. 84, 85 — 98; 81, 82 — 99; 86.

Coqueret (Pierre Charles, gr.) : 1798; p. 82 — 1800; 80.

Corbet (Charles Louis, sc.) : 1798; p. 72 — 1800; 69.

Corneille fils (Michel, p.) : 1673; p. 35 — 1699; 16 — 1704; 17, 45, 46.

Cornillaud (Mlle). Voy. Mme *Morin.*

Cornu (Jean, sc.) : 1704; p. 26.

Corte (de —, p.). Voy. *Decort.*

Coste (L., p.) : 1795; p. 21, 22 — 98; 22.

Coster (Mme, p.). Voy. Mlle *Vallayer.*

Cotelle fils (Jean, p.) : 1673; p. 35 — 1704; 32.

Cotibert (p.) : 1793; p. 14, 15, 51, 52, 53, 78.

Couasnon (Jean Louis, sc.) : 1795; p. 65 — 99; 69 — 1800; 70.

Couché (sc.) : 1795; p. 65.

Coursier (serrurier) : 1793; p. 105.

Courteille (p.) : 1793; p. 22, 29, 56, 78, 104 — 1800; 25.

Courtin (Jacques François, p.) : 1737; p. 14, 20, 24 — 38; 23, 29 — 40; 17, 18 — 41; 19 — 42; 19 — 43; 20 — 45; 25 — 46; 21 — 47; 24 — 48; 22 — 50; 22 — 51; 24.

Courtois (Nicolas André, p.) : 1771; p. 37 — 73; 34 — 75; 28 — 77;

2.

Coustou fils (Guillaume, sc.) : 1740; p. 32 — 41; 30 — 43; 20 — 45; 21 — 50; 19 — 55; 30 — 69; 43, 44 — 77; 39, 40 — 1800; 71.

Coustou (Nicolas, sc.) : 1704; p. 20.

Coypel (Antoine, p.) : 1699; p. 18, 19, 21 — 1704; 21, 22, 23 — 40; 28 — 45; 38 — 46; 29.

Coypel (Charles Antoine, p.) : 1737; p. 13, 14, 36 — 38; 12, 13, 28 — 41; 12, 13 — 42; 12 — 43; 12 — 45; 34, 37 — 46; 12, 13, 25, 27 — 47; 31 — 48; 25 — 50; 28, 29 — 55; 36 — 71; 14 — 83; 56.

Coypel (F., p.) : 1796; p. 28.

Coypel (Noël, p.) : 1699; p. 14, 15, 24 — 1704; 12, 13, 14.

Coysevox (Antoine, sc.) : 1699; p. 12 — 1704; 11.

Cozette (tapissier de haute-lisse) : 1753; p. 15, 16 — 65; 43 — 69; 42 — 73; 50 — 98; 86.

Cozette fils (tapissier) : 1773; p. 50.

Crépin (Louis Philippe, p.) : 1796; p. 27 — 98; 23 — 99; 22 — 1800; 25.

Creville (p.) : 1791; p. 30, 58.

Crussaire (F. J., p.) : 1793; p. 78, 98 — 96; 81.

Cuesnot (menuisier) : 1793; p. 73, 78.

Curtius (sc.) : 1791; p. 42, 58.

D

Dabos (Mme Jeanne, née Bernard, p.) : 1791; p. 39, 58.

Dabos (Laurent, p.) : 1791; p. 19, 26, 46, 58 — 98; 23 — 99; 22 — 1800; 25, 26.

Dagescy, voy. *Bernard-Dagescy*.

Daiteg (sc.) : 1791; p. 39, 58 — 93; 63, 78 — 95; 65, 66.

Dalvimart (Octavien, dess.) : 1800; p. 26.

Damame (Michel François, p.) : 1796; p. 27.

Damerval (Mᵐᵉ, p.) : 1793; p. 79, 106.

Dandré Bardon (Michel François, p.) : 1737; p. 17, 26, 30 — 38; 15, 23 — 39; 15 — 43; 17 — 53; 20 — 55; 37.

Dandrillon (Pierre Charles, p.) : 1795; p. 22 — 96; 27 — 99; 22, 23.

Danloux (Henri Pierre, p.) : 1791; p. 11, 12, 13, 23, 29, 43, 47, 58 — 93; 42.

Darcis (J. Louis, gr.) : 1793; p. 11, 79 — 95; 85 — 96; 81 — 98; 82 — 1800; 80.

Dardel (Robert Guillaume, sc.) : 1791; p. 34, 58 — 93; 64, 79.

Darmancourt (Jean Augustin, p.) : 1795; p. 22.

Darnaud (p.) : 1793; p. 79.

Darsonval (Durand, dit —, p.) : 1799; p. 23.

Daullé (Jean, gr.) : 1742; p. 30 — 43; 32 — 45; 35 — 48; 26 — 50; 28 — 53; 30 — 55; 36 — 57; 32 — 59; 31.

Davesne (P., p.) : 1793; p. 49, 79 — 96; 28.

David (Jacques Louis, p.) : 1781; p. 56 — 83; 39 — 85; 30 — 87; 28 — 89; 23 — 91; 17, 18, 25, 27, 50, 58 — 93; 38, 40, 45 — 95; 22, 83, 85 — 96; 18, 27, 35, 36, 37, 39, 57, 60, 63, 85, 87 — 98; 13, 15, 17, 19, 24, 25, 31, 33, 34, 37, 39, 41, 58, 60, 85 — 99; 21, 23, 24, 26, 30, 31, 32, 34, 35, 36, 38, 41, 57, 59, 66, 89, 90 — 1800; 14, 17, 19, 24, 27, 29, 34, 35, 37, 38, 45, 54, 57, 83, 87.

Davin (Mᵐᵉ Césarine Henriette Flore —, née Mirvault, p.) : 1798; p. 23, 24 — 99; 23 — 1800; 26.

Davy de Chavigné (François Antoine, arch.) : 1800; p. 76.

Debret (Jean Baptiste, p.) : 1799; p. 23.

Debucourt (Louis Philibert, p.) : 1781; p. 39, 40 — 83; 38, 39 — 85; 37.

Delorme (Mlle, p.) : 1791; p. 15, 20, 27, 28, 29, 32, 58.

De Machy (Pierre Antoine, p.) : 1757; p. 27 — 59; 22 — 61; 23 — 63; 24, 25 — 65; 22 — 67; 19 — 71; 17, 18, 26 — 73; 21, 22, 23 — 75; 15, 16 — 77; 18, 19 — 81; 21, 22 — 83; 22, 23 — 85; 20, 21 — 87; 20 — 91; 21, 23, 63 — 93; 17, 18, 21, 23, 27, 79 — 95; 23 — 96; 27 — 98; 24 — 99; 22, 50.

Demarne (Jean Louis, p.) : 1783; p. 42, 43 — 85; 38, 39, 40 — 87; 40, 41 — 89; 35, 36 — 93; 9, 10, 11, 12, 20, 26, 30, 32, 46, 49, 51, 79, 99 — 95; 23 — 96; 28, 29, 32 — 98; 24, 25 — 99; 25, 51 — 1800; 27, 52.

Démars (sc.) : 1793; p. 63, 79.

Demarteau (gr.) : 1767; p. 41, 42 — 69; 41 — 71; 49 — 73; 46 — 75; 41.

Demonpetit (Mme, p.) : 1793; p. 19, 34, 49, 79, 99.

Demontreuil (Jean, sc.) : 1791; p. 12, 23, 24, 36, 43 63 — 93; 71, 79 — 95; 70 — 96; 73 — 98; 88.

Démure (sc.) : 1793, addition au supplément.

Denis (p.) : 1791; p. 15, 51, 58.

Denon (Dominique Vivant, p. et gr.) : 1787; p. 57 — 91; 33, 37, 58 — 95; 85 — 96; 81, 82.

Depelchin (p.) : 1791; p. 30, 59 — 93; 49, 79 — 95; 23.

Deperthes (Jean Baptiste, p.) : 1793; p. 20, 79 — 95; 23 — 96; 29 — 1800; 27.

Desbuissons (Hypolite, gr.) : 1796; p. 82.

Descamps (Jean Baptiste, p.) : 1753; p. 30 — 65; 24 — 96; 31 — 98; 29 — 99; 29 — 1800; 55.

Deseine (sourd et muet, sc.) : 1791; p. 39, 43, 44, 59 — 93; 63, 64, 79.

Deseine (Louis Pierre, sc.) : 1785; p. 51 — 87; 53 —

89; 50, 51 — 93; 79 — 98; 73 — 99; 70 — 1800; 70.

De Sève (dess.) : 1793; p. 79, 111.

Desfonts (p.) : 1791; p. 26, 45, 59 — 93; 46, 54, 55, 79.

Desfonts (Mme, sc.) : 1791; p. 33, 59 — 93; 36, 59, 79.

Desfossez (Charles H., p.) : 1796; p. 29 — 98; 25.

Deshayes (Jean Eléazar, p.) : 1793; p. 33, 79 — 98; 25 — 99; 25 — 1800; 27.

Deshays (Jean Baptiste, p.) : 1759; p. 23 — 61; 15, 16 — 63; 17 — 65; 15, — 96; 44.

Deshays (p.) : 1765; p. 29, 30 — 67; 28 — 69; 28 — 71; 32 — 79; 54.

Desjardins (Martin, sc.) : 1673; p. 32.

Desmarest (gr. en méd.) : 1793; p. 39, 79 — 96; 82.

Desmarquet (Mlle, p.). Voy. Mme *Auzou.*

Desmurs (sc.) : 1791; p. 41, 59.

Desnoyers (Auguste Gaspard Louis, gr.) : 1799; p. 83.

Désoria (Jean Baptiste, p.) : 1791; p. 14, 15, 49, 59 — 93; 10, 20, 37, 49, 79, 103 — 95; 24 — 96; 29 — 98; 25 — 99; 25.

Desportes (Alexandre François, p.) : 1699; p. 17, 23 — 1704; 18 — 37; 13, 15, 16, 17, 18, 22, 23, 31 — 38; 13, 14, 15, 20, 22, 23, 24 — 39; 16, 17, 18 — 40; 16, 17 — 41; 17, 18 — 42; 17, 18.

Desportes fils (Claude François, p.) : 1739; p. 21.

Desportes le neveu (Nicolas, p.) : 1755; p. 29 — 57; 24 — 59; 21 — 61; 22, 23 — 63; 24 — 65; 21 — 69; 18 — 71; 17.

Desrais (Claude Louis, p.) : 1793; p. 43, 79 — 99; 25.

Desvosge (Anatole, p.) : 1793; p. 33, 79 — 95; 24, 85 — 98; 25, 26, 82.

Drolling (Martin, p.) : 1793; p. 9, 11, 21, 22, 51, 80, 100 — 95; 25, 26 — 98; 26, 27 — 1800; 28.

Drouais fils (François Hubert, p.) : 1755; p. 29 — 57; 25, 26 — 59; 22, 23 — 61; 23, 24 — 63; 25, 38 — 65; 22, 41 — 67; 20, 40 — 69; 18, 39 — 71; 18 — 73; 23 — 75; 15, 44.

Drouais (Germain Jean, p.) : 1796; p. 80, 81.

Drouais (Hubert, p.) : 1737; p. 26, 30 — 38; 28 — 39, 24 — 40; 22 — 41; 32 — 45; 28 — 46; 22 — 47; 28 — 53; 24 — 55; 18.

Drouin (Mme, née Lemaistre, sc.) : 1799; p. 70.

Duboc (A. C., dess.) : 1793; p. 43.

Dubois (Frédéric, p.) : 1795; p. 26 — 96; 30 — 98; 27 — 99; 26 — 1800; 87.

Dubost (A., p.) : 1799; p. 26, 27.

Dubourg (Augustin, dit —, p.) : 1793; p. 26, 75, 80, 91 — 98; 87 — 1800; 12.

Duchange (Gaspard, gr.) : 1743; p. 31 — 46; 25 — 47; 30 — 48; 25.

Duchâteau (Mme, p.) : 1791; p. 28, 59 — 93; 34, 80.

Duclos (Antoine Jean, gr.) : 1795; p. 85.

Duclos (Mlle, p.) : 1793; p. 44, 80.

Ducq (Joseph François, p.) : 1799; p. 27.

Ducreux (Joseph, p.) : 1787; p. 56 — 91; 13, 19, 20, 25, 28, 49, 59 — 93; 16, 17, 22, 26, 27, 80 — 95; 26, 83 — 96; 30 — 98; 27 — 99; 27 — 1800; 87.

Ducreux (Mlle Rose, p.) : 1791; p. 17, 48, 59 — 93; 27, 29, 80 — 95; 26 — 98; 27 — 99; 27.

Dufau (p.) : 1800; p. 87.

Duhameau (C. P. R., arch.) : 1800; p. 77.

D'Ulin (Pierre, p.) : 1737; p. 19, 21, 26, 27 — 38; 13, 14 — 41; 26 — 47; 19.

Dumarest (Rambert, gr. en méd.) : 1795; p. 85 — 1800; 84.

Dumas (p.) : 1793; p. 80, 107.

Dumont (Edme, sc.) : 1753; p. 33 — 55; 32 — 61; 31 — 69; 36 — 71; 42 — 1800; 70, 71.

Dumont (François, p.) : 1789; p. 32 — 91; 17, 26, 59 — 93; 11, 15, 19, 80 — 95; 26 — 96; 30, 31 — 98; 28, 87 — 99; 28 — 1800; 28.

Dumont (Jacques Edme, sc.) : 1791; p. 43, 59 — 93; 66, 80 — 95; 66, 67 — 96; 73 — 98; 73 — 99; 70 — 1800; 70, 71.

Dumont (Jean Joseph, p.) : 1737; p. 12, 27 — 38; 18 — 40; 25 — 42; 24 — 46; 23 — 47; 26 — 51; 25 — 53; 35.

Dumont (Nicolas Antoine, dit Laurent, p.) : 1798; p. 28, 87 — 99; 28 — 1800; 28.

Dumont le Romain (Jacques, p.) : 1737; p. 12, 14, 21 — 42; 13, 14 — 43; 14, 15 — 48; 16 — 50; 13, 14 — 51; 13 — 61; 12 — 83; 56.

Dumont (Mme, p.) : 1793; p. 53, 80.

Dumoulin (p.) : 1796; p. 31.

Dumoutier (Adrien, p.) : 1791; p. 34, 59.

Dunouy (Alexandre Hyacinthe, p.) : 1791; p. 52, 59 — 95; 26, 27 — 96; 31 — 98; 28, 29 — 99; 28 — 1800; 29.

Dupasquier (sc.) : 1793; p. 80 et addition au supplément.

Dupaty (p.) : 1793; p. 53, 80.

Du Perreux (Alexandre Louis Robert *Millin*, p.) : 1793; p. 9, 10, 12, 13, 54, 55, 80, 108 — 95; 27 — 98; 29 — 99; 28, 29.

Duplessis (Joseph Silfred, p.) : 1769; p. 31, 32 — 71; 36 — 73; 33 — 75; 23, 24 — 77; 25, 26 — 79; 31, 52 — 81; 22, 23 — 83; 23, 59 — 85; 21, 22, 52, 54, 55 — 87; 56 — 89; 15, 56 — 91; 27, 59 — 93; 12, 14, 21, 23, 26, 29, 80 — 96; 21, 87 — 98; 18, 61.

Duplessis (C. Michel H, p.) : 1791; p. 29, 3o, 59 —
— 93; 91 — 96; 31, 32 — 98; 29 — 99; 29.

Duplessis-Bertaux (dess.) : 1795; p. 86.

Dupré (Augustin, gr. de mon.) : 1791; p. 36, 4o, 41,
59.

Dupréhel (gr.) : 1793; p. 44, 8o.

Dupuis (François N., p.) : 1795; p. 28 — 99; 29.

Dupuis (Nicolas Gabriel, gr.) : 1737; p. 28 — 41; 32
— 51; 29, 3o — 55; 37 — 59; 33 — 65; 39.

Dupuis (Pepin, p.) : 1793; p. 9, 8o, 1o5.

Dupuy (p.) : 1673; p. 34.

Duraman (p.) : 1798; p. 32.

Durameau (Louis, p.) : 1767; p. 31, 32 — 73; 32 —
75; 24, 25 — 77; 13, 14, 15 — 79; 18, 49 — 83;
17, 18 — 89; 11 — 96; 56.

Durand (p.) : voy. *Darsonval.*

Durand (J. N. L., arch.) : 1799; p. 76.

Duret (sc.) : 1791; p. 33, 36, 59 — 93; 6o, 8o —
18oo; 71.

Durieux ou *Duvieux* (Mme, p.) : voy. Mlle *Landragin.*

Duruisseau (gr.) : 1795; p. 86.

Dutaly (dess.) : 1793; p. 39.

Dutertre (gr.) : 1796; p. 82, 83 — 98; 29.

Dutrie (sc.) : 1793; p. 69, 8o.

Duval (Eustache François, p.) : 1793; p. 1o, 23, 33,
37, 81 — 95; 28 — 18oo; 29.

Duval (Louis H. P., gr.) : 1796; p. 83.

Duval (Pierre Joseph, p.) : 1796; p. 32.

Duval (gr. en méd.) : 1791; p. 4o, 59.

Duvivier (Benjamin, grav. en méd.) : 1765; p. 42, 43
— 69; 41 — 73; 48, 49 — 75; 42, 43 — 77; 5o —
79; 5o, 51 — 81; 51, 52 — 83; 55, 56 — 85; 52,
53 — 89; 54, 55 — 93; 45, 81 — 98; 82, 83.

Duvivier (Bernard, p.) : 1793; p. 52, 81, 104 — 96; 83, 84.

Duvivier (Jean, gr. en méd.) : 1737; p. 30 — 39; 25 — 40; 27 — 46; 27, 29 — 50; 26, 27.

Duvivier (Mlle, p.) : 1791; p. 19, 28, 29, 59.

E

Edelinck (Gérard, gr.) : 1699; p. 25.

Egensviler (sc.) : 1799; p. 70.

Eisen (Charles, p. et gr.) : 1793; p. 38.

Eschard (p.) : 1791; p. 12, 13, 19, 45; 47, 49, 50, 59 — 98; 30.

Espercieux (Jean Joseph, sc.) : 1793; p. 61, 81 — 95; 67 — 96; 74 — 98; 73, 74.

F

Fabre (François Xavier, p.) : 1791; p. 14, 27, 59 — 93; 35, 81 — 96; 43.

Fache (p.) : 1793; p. 53, 56, 81 — 95; 28.

Falconnet (Etienne Maurice, sc.) : 1745; p. 37, 38 — 46; 28 — 47; 32, 33 — 48; 27 — 50; 30 — 51; 28 53; 32 — 55; 30, 31 — 57; 28 — 61; 28 — 63; 33, 38 — 65; 33, 34 — 75; 39.

Farné, voy. *Taré*.

Fassin (p.) : 1798; p. 40.

Favannes (Henri de —, p.) : 1704; p. 26, 28 — 37; 14, 21, 26 — 46; 13 — 47; 18 — 48; 14, 15 — 50; 13 — 51; 12.

Favart (Mme, p.) : 1800; p. 29.

Favray (Antoine, p.) : 1763; p. 26, 27 — 71; 18, 19, 20 — 79; 24.

Fayn (gr.) : 1799; p. 29.

Feneau (sc.) : 1793; p. 61, 81.

Fenouilh (p.) : 1740; p. 30, 31.

Ferdinand père (Louis Elie, p.) : 1673; p. 31.

Ferrey (Mme, p.) : 1793; p. 36, 81 — 96; 32.

Fessard (Etienne, gr.) : 1753; p. 34 — 55; 38 — 57;
34 — 59; 33 — 61; 34 — 63; 37.

Filleul (Mme, p.) : 1779; p. 51.

Flamen père (Anselme, sc.) : 1699; p. 12 — 1704; 34,
37.

Fleury (Antoine Claude, p.) : 1795; p. 28 — 96; 32,
33 — 98; 30 — 99; 29, 30 — 1800; 29.

Flipart (Jean Jacob, gr.) : 1755 : p. 38, 39 — 57;
34 — 63; 37, 38 — 65; 40 — 67; 39 — 71; 50 —
73; 47 — 77; 50 — 79; 53.

Florion (sc.) : 1793; p. 69, 70, 81.

Foisil (Zosime-René, p.) : 1800; p. 30.

Fontaillard (p.): voy. *Fontallard*.

Fontaine (Jean Michel Denis la—, p.): 1793; p. 26, 81
— 96; 33 — 98; 30 — 99; 40 — 1800; 30

Fontaine (Pierre François Louis, arch. et p.) : 1791;
p. 35, 60 — 93; 51, 53, 74, 86 — 95; 29 — 96; 33
— 98; 30.

Fontallard (Jean François Girard, p.) : 1798; p. 30
— 99; 30.

Fontenay (Jean Baptiste Blain de —, p.) 1699; p. 17,
23 — 1704; 40, 43.

Forbin (Louis Nicolas Philippe Auguste, comte de   ,
p.) : 1796; p. 33 — 99; 30 — 1800; 30.

Forest (Jean Baptiste, p.) : 1699; p. 17, 21 — 1704;
14, 41, 43.

Forestier (Adolphe, p.) : 1796; p. 70.

Forget (p.) : 1791; p. 28, 60 — 93; 14, 19, 24, 26,
55, 81, 91.

Fortin (Augustin Félix, sc. et p.) : 1789; p. 52, 53 —
91; 23, 31, 37, 41, 42, 60 — 93; 62, 68, 81 — 96;
33, 74 — 98; 31 — 99; 30, 70.

Forty (Jean Jacques, p.) : 1791; p. 21, 26, 29, 33, 53, 60 — 93; 81, 106 — 95; 29.

Fosseyeux (Jean Baptiste, gr.) : 1793; p. 43, 81. — 1800; 80.

Foucou (Jean Joseph, sc.) : 1779; p. 47, 48 — 85; 50 — 89; 48, 49 — 91; 34, 35, 60 — 93; 81 et addition au supplément; — 99; 71.

Fougeat (p.) : 1793; p. 25, 81.

Foulon (Mme, p.) : 1793; p. 10, 32, 49, 81, 93.

Fouquet (Jean, p.) : 1793; p. 43 — 95; 30 — 96; 34, 81 — 98; 22.

Fournier (Jean Simon, p.) : 1791; p. 14, 17, 20, 27, 60 — 93; 35, 81 — 95; 30 — 96; 34 — 98; 31 — 99; 30.

Fournier (p. de port.) : 1798; p. 31.

Fourreau (sc.) : 1791; p. 33, 41, 60 — 93; 81.

Fragonard (Alexandre Evariste, p.) : 1793; p. 81, 109 — 95; 30 — 96; 34 — 98; 31, 32, 82 — 99; 31 — 1800; 30.

Fragonard (Honoré, p.) ; 1765; p. 31, 32 — 67; 29 — 77; 52 — 79; 51, 52, 53 — 83; 58 — 87; 55, 58 — 91; 40 — 93; 38, 40 — 96; 44.

Francin (Claude, sc.) : 1737; p. 32, 33 — 40; 30 — 43; 36, 37 — 45; 36.

Francin (Guillaume, sc.) : 1793; p. 58, 81 — 1800; 71.

Francisque Milet père : voy. *Milet.*

Francisque (Jean Milet dit —, p.) : voy. *Milet.*

François (Charles Philibert, p.) : 1800; p. 31.

François (Henri J., p.) : 1791; p. 13, 15, 20, 23, 24, 26, 45, 50, 60 — 93; 12, 81 — 95; 30 — 96; 35 — 98; 32 — 99; 31 — 1800; 31.

Frémin (René, sc.) : 1704; p. 27, 29, 31.

Freund (Ph., p.) : 1800; p. 31.

3.

G

Gauffier (Louis, p.) : 1789; p. 59, 60 — 91; 16, 45, 48, 49, 50, 60 — 96; 81.

Gauffier (Mme Pauline, p.) : 1798; p. 32.

Gault de Saint Germain (Pierre Marie, p.) : 1791; p. 28, 60 — 93; 33, 82 — 95; 32, 33 — 98; 32, 33.

Gault de Saint Germain (Mme, p.) : 1791; p. 15, 19, 28, 51, 60.

Gautherot (Claude, p.) : 1793; p. 32, 34, 82 — 96; 35, 36 — 99; 32 — 1800; 34.

Gautier (Rodolphe, p.) : 1793; p. 15, 20, 49, 82, 99 — 95; 33 — 96; 36.

Gazard (F. V., p.) : 1796; p. 36 — 98; 33.

Genain (p.) : voy. *Génin.*

Genillon (Jean Baptiste François, p.) : 1791; p. 15, 16, 19, 28, 60 — 93; 29, 30, 51, 54, 82, 98, 99 — 98; 33 — 99; 33 — 1800; 34.

Genin (Antoine, p.) : 1793; p. 37, 82, 112 — 95; 33 — 99; 32, 33 — 1800; 34.

Gensoul-Desfonts (J., p.) : 1796; p. 36 — 99; 33.

Gensoul-Desfonts (Me Antoinette, sc.) : 1796; p. 74 — 99; 34.

Genty (J. B., p.) : 1799; p. 34.

Georget (Jean, p.) : 1796; p. 36 — 98; 33.

Gérard (François, p.) : 1791; p. 16, 60 — 93; 17, 82 — 95; 33 — 96; 36, 83 — 98; 33, 82 — 99; 83, 85, 87, 89 — 1800; 81.

Gérard (gr.) : 1793; p. 40, 82.

Gérard (Mme) : 1793; p. 38 — 99; 34, 35.

Geuslain (Charles Etienne, p.) : 1737; p. 14, 15, 16, 17, 18, 28 — 38; 19, 26 — 41; 21 — 42; 21 — 45; 28.

Gibelin (Antoine Esprit, p.) : 1795; p. 33, 34.

Giéerard d'Anvers (p.) : 1796; p. 62 — 98; 59 — 1800; 58.

Grégoire (Paul, p.) : 1793; p. 47, 48, 53, 82.

Greuze (Jean Baptiste, p.) : 1755; p. 29, 30 — 57; 26, 27, 31, 33 — 59; 24, 25 — 61; 25, 26 — 63; 28, 29, 37, 38 — 65; 24, 25, 26, 41 — 67; 39 — 69; 27, 28, 40 — 71; 50, 51 — 77; 50 — 83; 55, 58 — 85; 56 — 87; 56 — 89; 54, 55 — 93; 42 — 96; 45 — 99; 43 — 1800; 36, 49.

Grevenbroeck (Charles Léopold de —, p.): 1738; p. 32 40; 22 — 41; 21, 22 — 42; 22 — 43; 21.

Grimoux (Alexis, p.) : 1740; p. 26.

Grobon (M., p.) : 1796; p. 90 — 1800; 87.

Grognard (p.) : 1798; p. 34.

Gros (Antoine Jean, p.) : 1798; p. 34.

Guay (Jacques, gr. en pierres) : 1747; p. 34 — 48; 28 — 50; 25 — 53; 26 — 55; 37 — 57; 33 — 59; 32.

Gudin (p.) : 1793; p. 34, 82, 106.

Guéret ainée (Mlle, p.) : 1793; p. 19, 45, 46, 82 — 95; 34 — 98; 34.

Guéret la jeune (Mlle, p.) : 1793; p. 17, 45, 55, 82, 93, 107 — 95; 34 — 98; 34.

Guérin (François, p.) : 1761; p. 26 — 63; 29 — 65; 26 — 67; 24 — 69; 20, 21 — 71; 23 — 73; 24 — — 75; 17, 18 — 77; 20 — 79; 25 — 81; 24 — 83; 24, 25.

Guérin (Jean, p.) : 1798; 34, 82 — 1800; 11, 36, 80.

Guérin (Pierre Narcisse, p.) : 1795; p. 35 — 99; 35, 36.

Guesdon (Denis, p.) : 1798; p. 35.

Guillebault (Simon, p.) : 1699; p. 23.

Guillois (François Pierre, sc.) : 1793; p. 82, 98.

Guillon (p.) : 1791; p. 25, 45, 60.

Guyard (Mme, depuis Mme *Vincent*, p.) : 1783; p. 34, 35 — 85; 29, 30 — 87; 26, 27, 28 — 89; 22, 23 — 91; 10, 11, 12, 13, 15, 18, 23, 24, 51, 60 — 95; 35 — 98; 19, 35 — 99; 88, 90 — 1800; 20, 65, 66.

Guyot (Laurent, gr.) : 1793; p. 39, 82 — 95; 86 — 96; 84 — 99; 84.

H

Hall (Pierre Adolphe, p.) : 1771; p.36 — 73; 33 — 75; 28 — 77; 30 — 79; 34 — 81; 33, 34 — 83; 35 — 85; 35 — 87; 38 — 89; 34.

Hallé (Claude, p.) : 1699; p. 20 — 1704; 29.

Hallé (Noël, p.) : 1746; p. 28, 29 — 47; 33 — 48; 21 — 50; 20, 21 — 51; 24 — 53; 20, 21 — 55; 15 57; 15 — 59; 14 — 61; 14 — 63; 14 — 65; 13, 14 67; 12, 13 — 69; 12, 13 —71; 11, 12 — 73; 11 — 75; 9 — 77; 9 — 79; 11, 12, 51 — 81; 50 — 96; 53 — 1800; 14.

Halley (p.) : 1798; p. 87.

Hanez (p.) : 1791; p. 27, 61.

Harriet (Fulgiron Jean, p.) : 1796; p. 37 — 99; 37 — 1800; 37, 38.

Hauer (p.) : 1793; p. 83, 93.

Hauré (sc.) : 1791; p. 41, 61.

Haver (J. J., p.) : 1795; p. 35 — 96; 37, 38.

Heidloff (Victor, p.) : 1791; p. 27, 61.

Helman (Isidore Stanislas, gr.) : 1791; p. 40, 61 — 93; 40, 83.

Hemon (Jean Marie, p.) : 1796; p. 38 — 1800; 38.

Henard : 1791; p. 61.

Hennequin (Philippe Auguste, p.) : 1798; p. 35, 36 — 99; 36, 37 — 1800; 38, 39.

Henriet (Paul, sc.) : 1800; p. 72.

Henriquez (Benoît Louis, gr.) : 1799; p. 84.

Henry (p.) : 1798; p. 87 — 99; 37 — 1800; 88.

Herault (Charles, p.) : 1699; p. 19, 21, 25 — 1704; 40, 41, 43, 44, 46.

Hilair (Jean Baptiste, p.) : 1796; p. 38.

Hilaire-Ledru : voy. *Ledru*.

Hollain (N. F. J., p.) : 1791; p. 15, 16, 25, 45, 61 —
93; 19, 29, 37, 83, 102 — 96; 38 — 98; 36 — 99;
89, 90.

Hollain (sc.) : 1791; p. 43, 61.

Honnet (Alexandre Romain, p.) : 1798; p. 36 — 1800;
40.

Hooghstoel fils (Jean Marie, p.) : 1793; p. 22, 83 —
99; 38.

Houasse (René Antoine, p.) : 1673; p. 26, 35.

Houdon (Jean Antoine, sc.) : 1771; p. 45 — 73; 41,
42 — 75; 38, 39 — 77; 44, 45, 46 — 79; 44, 45 —
81; 45, 46 — 83; 51, 52 56; — 85; 48 — 87; 51 —
89; 47 — 91; 37, 54, 61 — 93; 67, 83 — 95; 67
— 96; 74 — 1800; 72.

Houel (Jean Pierre Louis Laurent, p.) : 1775; p. 31,
32, 33 — 81; 34, 35, 36 — 89; 35 — 91; 47, 61.

Houzeau (p.) : 1793; p. 83, 101 — 95; 35 — 96; 38.

Hubert (François, gr.) : 1791, p. 37, 61 — 1800; 81.

Hue (Jean François, p.) : 1781; p. 39 — 83; 23, 31
— 85; 26, 27 — 87; 24, 25 — 89; 20, 21 — 91; 18,
21, 22, 24, 30, 46, 47, 48, 49, 50, 53, 61 — 93; 27,
83 — 95; 36 — 96; 38, 39, 56, 89 — 98; 36, 37,
54, 66, 87 — 99; 54 — 1800; 29, 38, 40, 54.

Huet (Jean Baptiste, p.) : 1769; p. 26, 27 — 71; 27,
28 — 73; 27, 28, 46 — 75; 20 — 77; 22 — 79; 27
— 81; 25 — 85; 43 — 87; 21, 22 — 99; 38 — 1800;
40, 41.

Huet (Villiers, p.) : 1799; p. 38 — 1800; 41.

Huilliot (Claude, p.) . 1673; p. 35 — 1699; 17, 24.

Huilliot (Pierre Nicolas, p.) : 1737; p. 15, 17, 27 —
38; 19, 22, 24, 29 — 40; 19, 20, 21 — 41; 20, 21
— 42; 20, 21, 35, 36 — 43; 39 — 45; 27, 28 — 46;
23 — 47; 25 — 48; 30 — 50; 22, 23.

Huin (Mme, p.) : 1796 p. 39; — 98; 37 — 99; 38.

Hulliot (p.) : voy. *Huiliot* (Claude).

Hurtrelle (Simon, sc.) : 1699; p. 12.

Hutin (Charles François, p. et sc.) : 1746; p. 28 —
59; 34 — 69; 17.

Huvé (arch.) : 1793; p. 35, 48, 72, 83.

Hyppolite (Auguste, p.) : 1799; p. 39.

I

Imbault (p.) : 1793; p. 83, 106.

Ingouf jeune (François Robert, gr.) : 1793; p. 109,
110 — 95; 69.

Isabey (Jean Baptiste, p.) : 1793; p. 9, 24, 83 — 95;
39 — 96; 39, 40 — 98; 13, 37, 40 — 99; 15, 39,
41, 43, 56 — 1800; 12, 45.

J

Jacob (sc.) : 1793; p. 66, 83.

Jacquinot (Louise Françoise, gr.) : 1800; p. 90.

Jallier (arch, : 1791; p. 25, 26, 61 — 99; 39.

Janinet (François, gr.) : 1791; p. 26, 27, 31, 61 — 93;
32, 44, 83.

Janinet (Mlle Sophie, p.) : 1799; p. 39, 84 — 1800;
81.

Jaquotot (Mlle, p.), voy. Mme V. *Leguay.*

Jay (dess.) : 1783; p. 56.

Jeaurat (Etienne, p.) : 1737; p. 14, 18, 19 — 38; 25,
28 — 39; 13, 14 — 41; 14, 15, 27 — 42; 15, 29,
35 — 43; 16 — 45; 18, 19, 33 — 46; 16, 25 — 53;
16, 17 — 55; 15 — 57; 14, 32 — 59; 12 — 61; 13
— 63; 13 — 69; 12 — 96; 39.

Jeaurat de Bertry (Nicolas Henri, p.) : 1757; p. 23
— 96; 39.

Jeuffroy (gr. en pierres) : 1800; p. 81.

Jollain (Nicolas René, p.) : 1767; p. 30, 31, 39 — 69;

28, 29, 42 — 71; 33 — 73; 31 — 75; 22, 23 — 77;
24, 25 — 79; 29, 30, 31, 54 — 81; 28 — 83; 28 —
89; 19 — 91; 16, 18, 19, 20, 25, 26, 61 — 98; 19
1800; 22.

Joplere (sc.) : 1796; p. 74.

Jouet (p.) : 1791; p. 28, 61 — 93; 83.

Jousselin (Michel, p.) ; 1800; p. 41.

Jouvenet (François, p.) : 1704; p. 36 — 1737; 23, 25,
27 — 38; 25 — 39; 19 — 40; 17 — 41; 18 — 42;
19 — 43; 20, 31 — 45; 24, 25 — 47; 24.

Jouvenet (Jean, p.) : 1699; p. 17, 18, 22 — 1704; 15,
16, 45.

Jouy (gr. en pierres) : 1793; p. 83, 97.

Judlin (p.) : 1791; p. 39, 61 — 93; 83, 109.

Juliart (Jacques Nicolas, p.) : 1755; p. 28, 29 — 57;
25 — 59; 23 — 61; 24 — 65; 22 — 67; 20 — 69;
18, 19 — 81; 24 — 85; 23.

Julien (Blaise, sc.) : 1795; p. 68.

Julien (Pierre, sc.) : 1779; p. 45, 46 — 81; 47 — 83;
50 — 85; 47, 48 — 89; 45, 46 — 91; 32, 54, 61 —
95; 67, 68 — 99; 71.

Julien (Simon, p.) : 1783; p. 41, 42 — 85; 38 — 87;
39, 40 — 96; 63 — 1800; 42, 49.

Juste père (Juste d'Egmont? p.) : 1673; p. 30.

K

Kans (Charles Chrétien, p.) : 1793; p. 22, 83 — 96;
40.

Kimly (p.) : 1800; p. 18.

Kinson (François, p.) : 1799; p. 39, 40.

Klauber (Ignace Sébastien, gr.) : 1785; p. 56 — 87;
56 — 89; 55.

4

L

85 — 98; 38, 55 — 99; 19, 40, 53 — 1800; 20, 43, 54.

Lagrenée jeune (Jean Jacques, p.) : 1771; p. 37 — 73; 34 — 75; 25 — 77; 15, 16, 17 — 79; 19, 20 — 81; 16, 17, 18, 19 — 83; 18, 19 — 85; 14, 15, 16 — 87; 15 — 89; 11, 12 — 91; 11, 31, 32, 36, 52, 62 — 93; 13, 21, 51, 83, 100, 101 — 96; 41 — 98; 38, 39 — 99; 17, 66 — 1800; 43, 66.

Lahure (J. B., arch.) : 1796; p. 77.

La Joue (Jacques, p.) : 1737; p. 16, 18 — 38; 15, 21 — 40; 18, 19 — 41; 20 — 42; 20 — 45; 26, 37 — 46; 21, 22 — 47; 24, 25 — 48; 22 — 50; 22 — 51; 25 — 53; 24.

Lallemant (Philippe, p.) : 1699; p. 19, 24 — 1704; 28, 44.

Lambert (p.) : 1793; p. 84, 103, 104 — 95; 38 — 96; 41, 42.

Lambertin (mécanicien) : 1795; p. 87.

Laminoy (Simon, p.) : 1673; p. 34.

Lamotte Senone (p.) : 1793; p. 84, 108.

Lamy (Charles, p.) : 1737; p. 25, 29 — 38; 15, 16 — 39; 15 — 40; 25 — 42; 24, 25.

Lancret (Nicolas, p.) : 1737; p. 19, 21 — 38; 20, 21, 22, 32 — 39; 13, 14, 21, 23 — 40; 31 — 41; 26, 32 — 42; 18, 29 — 43; 33 — 45; 34 — 48; 26 — 55; 36 — 59; 33.

Landey (p.) : 1795; p. 38.

Landon (Charles Paul, p.) : 1791; p. 14, 50, 62 — 93; 23, 55, 84, 104, 105 — 95; 38, 39 — 96 ; 42, 80 — 98; 81, 87 — 99; 37, 41 — 1800; 44.

Landragin (Mlle Marie Adélaïde —, femme **Durieux**, p.) : 1793; p. 14, 84 — 95; 39 — 96; 32 — 98; 29.

Landry (p.) : 1791; p. 25, 26, 45, 62 — 93; 26, 28, 84 — 96; 42 — 98; 39.

Laneuville (J. Louis, p.) : 1791 ; p. 13, 26, 27, 62 —

93; 22, 29, 34, 35, 45, 5o, 56, 84, 92, 102 — 95; 38 — 96; 42, 43, 85 — 98; 39 — 99; 41 — 1800 ; 45.

Lange (sc.) : 1799; p. 71, 72.

Langibout (arch.) : 1795; p. 75.

Langlois (p.) : 1793; p. 19, 84 — 98; 40.

Langlois (Pierre Gabriel, gr.) : 1798; p. 84.

Lanta (sc.) : 1795; p. 68.

Lantara (Simon Mathurin, p.) : 1796; p. 26, 63.

Laperche (Mme, p.) : 1791; p. 16, 17, 18, 28, 62.

Laplace (p.) : 1793; p. 84, 99.

Largillière (Nicolas de —, p.) : 1699; p. 16, 18, 23 — 1704; 33, 34 — 37; 29.

Larive (Pierre Louis de —, p.) : 1799; p. 89.

Larivière (J. B. V., p.) : 1796; p. 43 — 98; 40 — 99; 41.

Larmessin (Nicolas de —, gr.) : 1737; p. 31 — 38; 27 — 39; 26 — 41; 26 — 42 ; 29 — 43; 31 — 45; 34 — 46; 31 — 47; 31 — 48; 26 — 51; 27 — 53; 29.

Larmier (sc.) : 1791, p. 44, 62 — 93; 62, 84.

La Rue (de —, p.) : voy. *De La Rue.*

La Sarric (dess.) : 1795; p. 87.

Lassaux (p.): 1799; p. 91.

La Tour (Maurice Quentin de —, p.) : 1737; p. 33 — 38; 14, 19, 20 — 39; 19 — 40; 30 — 41; 29, 30 — 42; 31 — 43; 35, 38 — 45; 36 — 46; 27 — 47; 29 — 48; 24 — 5o; 25 — 51; 24 — 53; 22, 23, 24 — 55; 18, 36 — 57; 17 — 59; 18 — 61; 18 — 63; 19 — 65; 43 — 69; 16 — 73; 18 — 75; 44 — 96; 3o, 47 — 1800; 48.

Laudon (p.) : voy. *Landon.*

Launay (de —, sc.) : 1789; p. 60.

Laurent (Jean Antoine, p.) : 1791; p. 51, 62 — 93;

---

(1) C'est très-probablement le même que le suivant.

Le Brun (Mᵐᵉ Louise Elisabeth —, née Vigée, p.) : 1783; p. 33, 34 — 85; 28, 29, 52 — 87; 25, 26, 56 — 89; 21, 22, 58 — 91; 51, 52, 53, 62 — 93; 42 — 98; 41 — 99; 52.

Lebrun (Mˡˡᵉ Rosalie, p.) : 1799; p. 43 — 1800; 45.

Lecarpentier (L. Benjamin, p.) : 1798; p. 42 — 99; 43 — 1800; 45.

Leclerc (P. Th., p.) : 1795; p. 41 — 96; 44.

Le Clerc (Sébastien, gr.) : 1673; p. 36.

Le Clerc fils (Sébastien, p.) : 1737; p. 21, 25, 29 — 51; 13.

Le Comte (Félix, sc.) : 1769; p. 37 — 71; 43, 44 — 73; 40 — 77; 44 — 81; 44, 45 — 83; 51 — 87; 50 — 89; 46 — 91; 53, 62 — 93; 84, 97 — 98; 31.

Lecorre (p.) : 1791; p. 18, 62.

Ledoux (Claude Nicolas, arch.) : 1799; p. 79.

Ledoux (Nicolas, p.) : 1796; p. 44.

Ledoux (Mᵐ⋅ J. Philiberte, p.) : 1793; p. 84, 104 — 96; 45 — 99; 43, 44.

Ledru (Hilaire, p.) : 1795; p. 41 — 96; 45 — 98; 42 — 99; 38 — 1800; 39.

Le Febvre (Claude, p.) : 1673; p. 31.

Lefebvre (p.) : 1791; p. 21, 23, 24, 31, 49, 52, 53, 62 — 93; 32, 56, 84.

Lefebvre (Mᵐᵉ, p.) : 1793; p. 51, 56, 57, 84.

Légillon (Jean François, p.) : 1789; p. 32, 33 — 91; 10, 11, 20, 38, 45, 62 — 95; 42.

Legrand (J. G., arch.) : 1800; p. 77.

Legrand (P. Sicot, p.) : 1796 ; p. 46 — 99; 44, 45, 46.

Legrand (Mᵐᵉ, p.) : 1796; p. 46.

Legros (F. A., p.) : 1799; p. 90 — 1800; 88.

Leguay (Etienne Charles, p.) : 1795; p. 42 — 96; 46 — 98; 43 — 99; 44 — 1800; 42, 46.

Leguay (Mme Victoire —, née Jaquotot, p.) : 1799; p. 44 — 1800; 46.

Le Hay (Mme, p.) : voy. Mlle *Chéron.*

Le Hongre (Etienne, sc.) : 1673; p. 32.

Lejeune (p.) : 1793; p. 105 — 99; 47.

Lejeune (Louis François, p.) : 1798; p. 43, 44 — 1800; 46, 47.

Lejeune (Nicolas, p.) : 1793; p. 11, 20, 84, 104 — 96; 46, 47 — 98; 44.

Lelièvre (gr. en pierres) : 1800; p. 81.

Le Lorrain (Louis, p.) : 1753; p. 33 — 55; 27, 28 — 57; 23 — 98; 51.

Le Lorrain (Robert, sc.) : 1704; p. 35, 36 — 37; 24.

Lélu (p.) : 1793; p. 46, 47, 48, 50, 51, 52, 53, 84.

Lemagniet (N. F., p.) : 1799; p. 47.

Le Maire (François, p.) : 1673; p. 33.

Lemaistre (Mlle, sc.) : voy. Mme *Drouin.*

Lemariez (sc.) : 1793; p. 59, 84.

Le May (Olivier, p.) : 1791; p. 30, 34, 62 — 96; 47.

Lemire (Charles, p.) : 1793; p. 84, 108 — 95; 42.

Lemire (Nicolas, gr.) : 1796; p. 86 — 99; 84.

Lemoine (p.) : 1795; p. 42, 43 — 96; 47, 48 — 98; 44 — 1800; 48.

Lemoine (Mme Marie Victoire, p.) : 1796; p. 47 — 98; 44 — 99; 47.

Le Môle (p.) : 1793; p. 45.

Le Monnier (Anicet Charles, p.) : 1785; p. 42, 43 — 87; 43, 44, 45 — 89; 38, 39 — 91; 47, 48, 62 — 93; 10, 26, 34, 50, 84, 110 — 96; 27 — 99; 47, 48 — 1800; 48.

Le Moyne (François, p.) : 1747; p. 34 — 53; 29 — 55; 35 — 61; 32 — 69; 41.

Lemoyne fils (Jean Baptiste, sc.) : 1737; p. 32 — 38; 30 — 42; 17 — 43; 19, 20 — 45; 21 — 46; 17 — 47; 22 — 48; 29 — 50; 19 — 53; 19 — 55; 37 — 57; 28 — 59; 33 — 61; 27, 28 — 63; 33 — 65; 33 — 67; 34, 35 — 69; 33 — 71; 38, 51.

Le Moyne (Jean Louis, sc.): 1704; p. 43, 44 — 37; 17.

Lempereur (Louis Simon, gr.) : 1761; p. 34 — 63; 37 — 65; 41, 42 — 67; 39, 40 — 69; 40 — 73; 47 — 75; 42 — 77; 49 — 79; 50 — 81; 51 — 89; 54.

Le Nain (p.) : 1759; p. 31.

Lenfant (Pierre, p.) : 1741; p. 32 — 42; 34 — 51; 26, 31 — 53; 25 — 55; 19, 20 — 57; 17 — 59; 19 — 61; 19.

Le Noir (Simon Bernard, p.) : 1779; p. 40 — 83; 37 89; 56 — 96; 43.

Lenoir (Mme Adélaïde —, née Bénard, p.): 1795; p. 43 — 99; 48 — 1800; 15.

Le Peintre (p.) : 1796; p. 48 — 98; 45 — 99; 48.

Lépicié (Bernard, p. et gr.) : 1737; p. 27 — 38; 28 — 40; 26 — 41; 26 — 45; 33 — 46; 25 — 47; 30 — 48; 25.

Lepicié (Nicolas Bernard, p.) : 1765; p. 30 — 67; 28 — 69; 25, 26 — 71; 14, 15 — 73; 17 — 75; 12 — 77; 11, 12 — 79; 16, 17, 49 — 81; 14, 15 — 83; 15, 16 — 85; 14, 55 — 99; 29.

Lépine (gr.) : 1793; p. 41, 42, 84.

Le Prince (Jean Baptiste, p.) : 1765; p. 27, 28, 29 — 67; 22, 23, 24 — 69; 20 — 71; 22, 23, 51 — 73; 19, 20, 21 — 75; 14 — 77; 17, 18, 47, 52 — 79; 22, 23, 53 — 81; 20, 21 — 85; 54 — 96; 20, 38, 62 — 98; 16, 58 — 1800; 17, 40, 58.

Le Roi (Mlle, p.) : 1791; p. 16, 18, 62.

Le Roux de la Ville (Mlle, p.) : voy. Mme *Benoist*.

Le Roux de la Ville (Mlle —, cadette, p.) : 1791; p. 15, 62.

Leroy (François, p.) : 1795; p. 43 — 96; 48 — 98; 46 — 99; 48 — 1800; 48.

Le Roy (Jean David, arch.) : 1800; p. 76.

Leroy (Joseph, p.) : 1793; p. 42 — 95; 44 — 96; 48, 49 — 98; 45.

Leroy (Sébastien, p.) : 1795; p. 43, 44 — 96; 49.

Lespinasse (Louis Nicolas de —, p.) : 1787; p. 33, 34, 35 — 89; 28, 29 — 93; 50, 84 — 95; 44 — 98; 45 — 1800; 23, 48, 79.

Lessant (dessin.) : 1793; p. 44, 45, 84.

Lestrade (Gabriel T., sc.) : 1793; p. 70, 84 — 96; 75.

Le Sueur (Eustache, p.) : 1795; p. 84.

Le Sueur (Jacques Philippe, sc.) : 1791; p. 35, 36, 63 — 93; 20, 61, 84 — 95; 68 — 96; 75 — 98; 74 — 1800; 73.

Lesueur (Pierre, p.) : 1741; 30 — 43; 37 — 46; 27 — 47; 32 — 48; 24, 25 — 50; 25 — 51; 27 — 53; 26.

Le Sueur (Pierre Etienne, p.) : 1791; p. 21, 22, 24, 26, 27, 45, 46, 47, 48, 51, 62 — 93; 24, 35, 51, 84, 100 — 95; 44, 45 — 98; 45, 46.

Le Suire (p.) : 1791; p. 63.

Le Suire (Mᵐᵉ, p.) : 1791; p. 36, 63.

Letellier (p.) : 1793; p. 11, 85, 104 — 1800; 51.

Lethière (Guillaume, p.): 1791; p. 18, 85 — 93; 13, 18, 85, 108 — 95; 45, 46, 88 — 97; 46, 82 — 99; 48, 50 — 1800; 52.

Lettre (de —, p.) : voy. *Delaistre.*

Levasseur (arch.): 1793; p. 73, 85 — 95; 75, 76.

Levasseur (Jean Charles, gr.) : 1769; p. 41 — 71; 49 — 73; 46, 47 — 75; 41 — 77; 48 — 79; 49, 50 — 81; 50 — 83; 55 — 87; 56 — 89; 54.

M

59 — 89; 56 — 91; 37, 63 — 98; 85 — 99; 85 — 1800; 82, 83.

Massard fils (Jean Baptiste Raphael Urbain, gr.) : 1798; p. 85 — 99; 84, 85 — 1800; 83.

Masse (Samuel, p.) : 1737; p. 27, 28 — 38; 25, — 40; 17 — 45; 25.

Masson (Antoine, gr.) : 1699; p. 25.

Masson (François, sc.) : 1793; p. 62, 68, 69, 85.

Mauperché (Henri, p.) : 1673; p. 31.

Mauperin (p.) : 1791; p. 16, 17, 21, 23, 24, 26, 29, 63 — 93; 50, 85, 105 — 1800; 50.

Mauré (sc.) : voy. *Hauré.*

Mayer (Mlle Constance, p.) : 1796; p. 51 — 98; 49 — 99; 49 — 1800; 49, 50.

Mellini (Ch., gr.) : 1763; p. 38, 39 — 65; 42 — 67; 40 — 69; 40 — 71; 50 — 77; 51.

Ménageot (François Guillaume, p.) : 1777; p. 37, 38 — 79; 36, 37 — 81; 31, 32 — 83; 20, 21 — 85; 16, 17, 18 — 89; 54 — 91; 39, 46, 63.

Menjaud (Alexandre, p.) : 1796; p. 52 — 99; 91 — 1800; 50.

Mérard (Pierre, sc.) : 1795; p. 70 — 96; 75 — 99; 72.

Mercoli (Michel Ange, gr.) : 1800; p. 83.

Mérimé (J. F. L., p.) : 1791; p. 30, 63 — 95; 46 — 98; 49, 81 — 99; 49.

Merlot (p.) : 1793; p. 49, 85, 103.

Messier (Jean L., p.) : 1796; p. 52 — 98; 49.

Metay (dess.) : 1793; p. 42.

Métoyen fils (François, p) : 1793; p. 101 — 95; 46, 47 — 96; 53 — 98; 49.

Métoyen (Mme, p.) ; 1793; p. 85, 101 — 95; 87 — 96; 87.

Mettay (Pierre, p.) : 1757; p. 27.

Meynier (Charles, p.) : 1795 ; p. 47 — 96 ; 53 — 98 ; 49, 50 — 1800 ; 50, 51.

Mezière (p.) : 1793 ; p. 85, 103 — 96 ; 53.

Michallon (Claude, sc.) : 1793 ; p. 62, 70, 85.

Michaud (Mlle Joséphine Antoinette —, femme *Lodin*, p.) : 1800 ; p. 51.

Miché (dessin.) : 1793 ; p. 85, 98.

Michel (Georges, p.) : 1791 ; p. 45, 46, 63 — 93 ; 9, 13, 29, 32, 85 — 95 ; 47 — 96 ; 53 — 98 ; 50 — 1800 ; 51.

Michel (M. O., gr.) : 1799 ; p. 85.

Miger (Simon Charles, gr.) : 1779 ; p. 51, 52 — 83 ; 56, 57 — 85 ; 53 — 93 ; 45, 85 — 96 ; 85 — 99 ; 85 — 1800 ; 83.

Mignard (Pierre, p.) 1775 ; p. 44.

Migneron (ingénieur) : 1793 ; p. 72, 86.

Mignot (Pierre Philippe, sc.) : 1757 ; p. 31 — 59 ; 30 — 61 ; 31 — 63 ; 36 — 65 ; 37.

Milandre (constructeur de plans en relief) : 1791 ; p. 37, 63.

Milberte (p.) : 1793 ; p. 86, 103.

Milet-Mureau (Mlle Iphigénie —, p.) : 1798 ; p. 50 — 99 ; 49.

Millet (Francisque, p.) : 1673 ; p. 36.

Millet (Jean, dit Francisque, p.) : 1737 ; p. 15 — — 38 ; 20, 21, 22 — 39 ; 18, 19, 20, 22 — 40 ; 22, 23 — 41 ; 22 — 42 ; 23 — 43 ; 22 — 45 ; 28, 29 — 46 ; 22 — 47 ; 26 — 48 ; 22 — 50 ; 23 — 51 ; 25 — 53 ; 24 — 55 ; 19 — 57 ; 17 — 59 ; 18 — 61 ; 18 — 63 ; 19 — 65 ; 18 — 67 ; 16 — 69 ; 17 — 71 ; 16 — 73 ; 21 — 75 ; 17.

Milot (René, sc.) : 1785 ; p. 51 — 87 ; 51 — 89 ; 50 — 91 ; 35, 44, 63 — 93 ; 69, 86.

Milot (Mme —, sc.) : 1795 ; p. 70 — 96 ; 75.

Mirvault (Mlle —, p.) : voy. Mme *Davin.*

Mirys (p.) : 1795; p. 47, 48.

Moitte (Jean Guillaume, sc.) : 1783; p. 54 — 85; 5o, 51 — 87; 55 — 89; 5o — 91 ; 18, 23, 34, 51, 52, 53, 63.

Moitte (Pierre Etienne, gr.) : 1761; p. 34 — 63; 37 — 65; 41 — 67; 40 — 69; 40 — 71; 5o — 75; 41 — 79; 5o — 87; 53, 55 — 93; 44 — 95; 83 — 96; 83.

Molès (Pascal Pierre, gr.) : 1775; p. 44.

Monet (dess.) : 1791; p. 40 — 93; 38, 40.

Mongin (Antoine Pierre, p.) : 1791; p. 17, 23, 34, 63 — 93; 86, 107 — 95; 48 — 96; 53, 54 — 98; 5o — 99; 49 — 1800; 51.

Monier (Pierre, p.) : 1699; p. 20.

Monnet (Charles, p.) : 1765; p. 32 — 67; 29 — 71; 32, 33 — 73; 32 — 75; 26 — 77; 52 — 81; 33.

Monnoyer (Jean Baptiste —, dit *Baptiste,* p.) : voy. *Baptiste.*

Monot (Martin Claude, sc.) : 1769; p. 37 — 71; 44, 45 — 73; 41 — 75; 37, 38 — 79; 46, 47 — 81; 47, 48 — 83; 53 — 85; 49 — 87; 5g — 89; 48 — 91; 35, 63 — 95; 70 — 96; 75, 76 — 98; 75 — 1800; 89.

Monpellier (sc.) : 1798; p. 75.

Monsiau (Nicolas, p.) : 1787; p. 46 — 89; 39, 40 — 91; 10, 11, 24, 26, 27, 3o, 32, 45, 63 — 93; 9, 40, 86 — 96; 80, 86 — 98; 51 — 99; 17 — 1800; 52.

Montagne (Nicolas de *Platte-Montagne,* p.) : voy. *Platte-Montagne.*

Montjoye (p.) : 1793; p. 34, 49, 86.

Montpetit (Mme), voy. *Demonpetit.*

Montreuil (de —, sc.) : voy. *Demontreuil.*

Montviol (p.) : 1793; p. 86, 97 — 95; 48.

Moreau (gr.) : voy. *Labadie*.

Moreau (C., arch. et p.): 1791; p. 51, 64 —1800; 78.

Moreau l'aîné (Louis, p.) : 1791; p. 14, 17, 18, 19, 29, 30, 64 — 93; 28, 86 — 95; 48 — 96; 54.

Moreau le jeune (Jean Michel, dess. et gr.) : 1777; p. 52 — 81; 49, 53, 54, 55 — 83; 58, 59 — 85; 54, 55 — 87; 58 — 89; 55, 56 — 91; 37, 38, 39, 40, 46, 64 — 93; 38, 86, 93, 98 — 96; 86, 89 — 98; 51, 64 — 99; 85 — 1800; 80, 82.

Morel (gr.) : 1800; p. 83.

Moreth (p.) : 1796; p. 54 — 98; 57 — 99; 55.

Morgan (J. J., sc.) : 1791; p. 41, 64 — 93; 60, 86 — 98; 76.

Morin (Mᵐᵉ Eulalie —, née Cornillaud, p.) : 1798; p. 52 — 99; 50 — 1800; 52.

Mosmann (sc.) : 1793; p. 68, 86.

Mosnier (p.) : 1787; p. 46 — 89; 31, 32.

Motelet (p.) : 1793; p. 32, 86 — 95; 48.

Mouchet (François Nicolas, p.) : 1791; p. 50, 64 — 93; 86 — 95; 48, 49 — 96; 54 — 99; 50, 51.

Mouchy (Louis Philippe, sc.) : 1767; p. 38 — 69; 35 — 71; 42 — 73; 38, 39 — 75; 35 — 81; 43 — 83; 49, 50 — 85; 45, 46 — 87; 49 — 89; 45 — 91; 54, 64 — 99; 70.

Moulinier (Jacques, p.) : 1793; p. 21, 86 — 96; 89.

Mouricault (p.) : 1795; p. 49.

Moyreau (Jean, gr.) : 1737; p. 27 — 38; 27 — 39; 26 — 40; 28 — 41; 27 — 42; 30 — 43; 32 — 45; 35 46; 26 — 48; 26 — 51; 28 — 53; 30 — 55; 35 — 57; 32 — 59; 31 — 61; 33.

Mudelot. Voy. *Budelot.*

Muller (Jean Gautier, gr.) : 1777; p. 49 — 81; 51 — 85; 52.

Mulot (Mme —, sc.) : 1799; 72, 73.
Munié (André Jacques, p.) : 1799; p. 51 — 1800; 52.
Musson (p.) : 1799; p. 51.

N

Naigeon (Jean, p.) : 1791; p. 20, 53 — 93; 49, 5o,
    56, 86 — 99; 86.
Natoire (Charles Joseph, p.): 1737; p. 14, 19, 20, —
    38; 15, 19, 24 — 39; 12, 14 — 40; 14 — 41; 14 — 42;
    14, 15 — 43; 16 — 45; 17, 18 — 46; 15 — 47; 20
    — 48; 17 — 5o; 15, 33, 34 — 53; 34 — 55; 14, 38
    — 57; 14, 34 — 59; 33 — 61; 34 — 63; 37.
Nattier (Jean Marc, p.) : 1737; p. 15, 19, 20, 28 —
    38; 19, 20, 28 — 40; 31 — 41; 19, 20 — 42; 19, 20
    — 45; 26 — 46; 19, 20 — 47; 23 — 48; 20 — 5o;
    20 — 51; 23 — 53; 20 — 55; 15, 37 — 57; 15 —
    59; 12, 33 — 61; 14 — 63; 14 — 69; 42 — 73; 33
    — 75; 44 — 87; 49.
Naudet (Charles, p.) : 1795; p. 49 — 98; 52 — 99;
    51.
Naudou (p.) : 1793; p. 13, 86.
Nebel (p.) : 1793; p. 86, 111.
Neveu (F. M., p.) : 1793; p. 28, 3o, 37, 46, 48, 52,
    53, 86, 107 — 96; 54, 55.
Nicasius (Bernaert), p.) : 1673; p. 26, 34.
Nicolet (Bernard Antoine, gr.) : 1793; p. 43, 86.
Niert (de —, dess.) : 1746; p. 25.
Niquet (Claude, gr.) : 1793; p. 41.
Nivard (Charles François, p.): 1783; p. 43, 44 — 85;
    40 — 87; 41 — 89; 36, 37 — 91; 20, 48, 5o, 64.
Noel (p.) : 1800; p. 52, 53.
Nonnotte (Donat, p.) : 1741; p. 25 — 42; 26 — 43;
    27, 28 — 45; 32 — 46; 24 — 48; 23 — 5o; 28, 29
    — 53; 25 — 55; 19, 36 — 65; 18.

93; 37, 86, 92 — 95; 49 — 96; 55 — 98; 52, 53,
88 — 1800; 53.

Pallière (Etienne, p.) : 1798; p. 53 — 99; 52 —
1800; 53.

Parant (Louis Bertin, gr. en pierres) : 1800; p. 53.

Parelle (dess.) : 1795; p. 49.

Paris (p. et arch.) : 1791; p. 52, 64.

Parois (comte de —, gr.) : 1787; p. 55.

Parrocel (Charles, p.) : 1737; p. 14, 16, 20, 30, —
38; 14, 28 — 45; 21, 22 — 46; 17, 18.

Parrocel (Joseph, p.) : 1699; p. 22.

Parrocel (Joseph Ignace François, p.) : 1755; p. 28 —
57; 24, 25 — 59; 24 — 61; 25 — 63; 28 — 65; 24
— 67; 26 — 71; 32 — 79; 32, 33 — 81; 33.

Parseval (Auguste, p.) : 1791; p. 12, 17, 18, 20, 26,
27, 28, 45, 46, 64 — 93; 37, 87, 93, 99 — 95; 50.

Pasquier (Pierre, p.) : 1769; p. 31 — 71; 28 — 73;
28, 29 — 75; 20, 21 — 77; 23 — 79; 27 — 81; 26
— 83; 27.

Pasquier (sc.) : 1791; p. 32, 53, 54, 64.

Patas (Jean Baptiste, gr.) : 1791; p. 34, 64 — 99;
83.

Pater (Jean Baptiste Joseph; p.) : 1745; p. 34.

Pau de Saint-Martin (p.) : voy. *Saint-Martin.*

Peigné (Mme —, p.) : 1799; p. 52, 53.

Pellier (Pierre Edme Louis, p.) : 1800; p. 54.

Perceval, voy. *Parseval.*

Percier (Charles, arch.) : 1793; p. 51, 74, 86 — 95;
29 — 96; 55 — 98; 53, 54.

Perdriaux (gr.) : 1795; p. 87.

Perier (Marc François, p.) : 1796; p. 56.

Pérignon (Nicolas, p.) : 1779; p. 31 — 81; 29 — 99;
21.

Perin (L. L., p.) : 1793; p. 17; 87 — 95; 50 — 98; 54.

Pernet (dess.) : 1793; p. 39 — 95; 86.

Perrard Montreuil (arch.) : 1793; p. 74, 87.

Perrier (p.) : 1795; p. 50.

Perrin (Jean Charles Nicaise, p.) : 1787; p. 35, 36 — 89; 29 — 91; 21, 22, 53, 64 — 93; 16, 87 — 95; 50 — 96; 56 — 98; 54 — 99; 53, 65.

Perronneau (Jean Baptiste, p.) : 1746; p. 31 — 47; 33 — 48; 27, 28 — 50; 28, 31 — 51; 29, 31 — 53; 27, 28 — 55; 23 — 57; 19 — 59; 20 — 63; 21 — — 65; 19 — 67; 18 — 69; 17, 18 — 73; 21 — 77; 39 — 79; 24, 52.

Person (p.) : voy. *Poerson.*

Person (P. C., ingénieur mécanicien): 1793; p. 60, 87 — 95; 76, 77 — 96; 85, 86 — 98; 79 — 99; 78.

Petit (Louis, p.) : 1793; p. 26, 87 — 95; 51 — 99; 54 — 1800; 54.

Petit (Pierre Joseph, p.) : 1791; p. 14, 22, 64 — 93; 15, 24, 25, 28, 87, 100 — 95; 51 — 96; 56 — 98; 54 — 99; 54 — 1800; 54.

Petit (Simon, p.) : 1795; p. 51 — 96; 56.

Petit (gr.) : 1793; p. 44 — 95; 87.

Petit-Couperay (p.) : 1791; p. 17, 20, 49, 64 — 93; 9, 16, 19, 21, 87.

Petitot (Pierre, sc.): 1793; p. 63, 87 — 95; 71 — 96; 76 — 98; 76 — 99; 73 — 1800; 73.

Petit-Radel (Louis François, ing. et arch.) : 1793; p. 72, 87 — 1800; 78.

Peyre (Antoine François, arch.): 1795; p. 77, 78, 79, 80 — 99; 78, 79 — 1800; 23.

Peyre neveu (arch.) : 1795; p. 80.

Peyron (Jean François Pierre, p.): 1785; p. 40, 41, 42 — 87; 32, 33 — 89; 27, 28 — 91; 17, 21, 23, 32, 34, 36, 47, 64 — 96; 49, 56, 57 — 98; 55, 56 — 99; 53, 54 — 1800; 54.

Peytavin (Jean Baptiste, p.) : 1800; p. 54, 55.

Pfab (Jean Pierre, p.) ; 1798; p. 56 — 99; 54.

Picart (Etienne, dit *le Romain*, gr.) : 1673; p. 34 — 1699; 25 — 1704; 40.

Pierre (Jean Baptiste Marie, p.) : 1741; p. 30, 31 — 42; 28 — 43; 28, 29 — 45; 22, 23 — 46; 19, 31 — 47; 22, 31 — 48; 19 — 50; 19, 20 — 51; 22, 29 — 53; 34 — 57; 14, 32 — 59; 34 — 61; 13, 14, 34 — 63; 13, 14, 38 — 65; 42 — 69; 12 — 73; 46, 47 — 96; 43, 71 — 98; 35, 45, 68 — 99; 32.

Pietre (femme —) : voy. *Vallain* (Nanine).

Pigalle (Jean Baptiste, sc.) : 1742; p. 35 — 45; 33 — 47; 22 — 48; 30 — 50; 20 — 51; 23 — 53; 19, 21 — 65; 41 — 99; 72.

Pigeon (Robert, p.): 1798; p. 27 — 99; 27 — 1800; 55.

Pillement (p.) : 1796; p. 87.

Pillon (sc.) : 1791; p. 38, 41, 65.

Pinchon (Jean Antoine, p.) : 1795; p. 51 — 96; 57 — 98; 56 — 99; 55 — 1800; 55.

Pinson (sc. anatomiste) : 1793; p. 87, 101.

Pinson (M° Isabelle —, p.) : 1796; p. 58 — 1800; 55.

Piranèsi (François, gr.) : 1800; p. 84.

Platte-Montagne (Nicolas de —, p.) : 1673; p. 33 — 1699; 15 — 1704; 15.

Poerson (Charles François, p.) : 1699; p. 12, 21.

Point (p.) : 1796; p. 58 — 1800; 55.

Poitreau (Etienne, p.) : 1740; p. 25, 26 — 41; 24 — 42; 25 — 43; 25 — 45; 30 — 46; 23, 24 — 47; 27 — 48; 23 — 50; 24 — 51; 26 — 53; 25 — 57; 17 — 59; 18.

Ponce (Nicolas, gr.) : 1791; p. 37, 65 — 93; 37, 38, 87, 92 — 96; 86 — 99; 85, 86.

Porporati (Charles, gr.) : 1777; p. 49 — 87; 56.

Portail (Jacques André, p.) : 1742; p. 7 — 43; 7 — 45; 9 — 46; 7 — 47; 9, 29 — 48; 9 — 50; 7, 25 — 51; 7, 30 — 53; 9 — 59; 19.

Potain (V. M., p.) : 1793; p. 37, 55, 87 — 96; 58 — 98; 56.

Pottier (Mᵐᵉ Esther —, p.) : 1799; p. 55.

Poultier (Jean, sc.) : 1704; p. 41.

Pourcelly (p.) : 1791; p. 33, 65 — 93; 49, 87, 101 — 96; 58.

Poussin (Nicolas; p.) : 1673; p. 33 — 1704; 18 — 59; 31 — 87; 55 — 93; 44.

Poutrel (p.) : 1795; p. 51.

Preisler (Jean Georges, gr.) : 1787; p. 59.

Prévost (Jean Louis, p.) : 1791; p. 21, 23, 24, 49, 50, 65 — 93; 17, 29, 50, 54, 87 — 95; 51 — 96; 58 — 98; 56 — 99; 55 — 1800; 55, 85.

Prévôt (Pierre, p.) : 1796; p. 58, 59 — 98; 57 — 99; 55 — 1800; 56.

Prieur (arch.) : 1793; p. 72, 87.

Prou (Jacques, sc.) : 1704; p. 12, 31.

Prudhon (Pierre P., p.) : 1791; p. 40, 65 — 93; 28, 29, 53, 87, 101 — 95; 84, 85 — 96; 59 — 98; 57, 81, 82 — 99; 55, 86 — 1800; 81.

Putman (sc.) : 1793; p. 36, 60, 87.

R

Rabillon (P. P., p.) : 1799; p. 56.

Rabon (Pierre, p.) : 1673; p. 32.

Rabonot (sc.) : 1791; p. 44.

Radel (arch.) : voy. *Petit-Radel.*

Rambert Dumarest (gr.) : voy. *Dumarest.*

Ramey (Claude, sc.) : 1793; p. 66, 71, 87 — 96; 76.

Ranc (Jean, p.) : 1704; p. 43, 44.

Rançonnet (Pierre Nicolas, gr.) : 1791; p. 34, 65 — 1800; 84.

Raon (Jean; sc.) : 1673; p. 35 — 1699; p. 20.

Raoux (Jean, p.) : 1740; p. 28 — 45; 35 — 73; 48 — 87; 58.

Rat (Mlle Henriette —, p.) 1799; p. 56.

Ravault (Ange René, p.) : 1795; p. 52 — 99; 56, 57.

Redouté ainé (p.) : 1793; p. 87, 101, 102 — 95 ; 52, 87 — 96; 59.

Redouté jeune (p.) : 1795; p. 52.

Regnaudin (Thomas, sc.) : 1673; p. 31 — 1699; 13, 20 — 1704; 21.

Regnauld (Jean Baptiste, p.) : 1783; p. 39, 40 — 85; 30, 31 — 87; 28, 29 — 89; 23 — 91; 22, 27, 51, 52, 65 — 95; 52, 53 — 96; 16, 32, 40, 42, 45, 52, 60, 85, 86 — 98; 12, 23, 26, 30, 31, 36, 42, 57, 66, 81, 87, 88 — 99; 13, 22, 26, 29, 35, 37, 39, 41, 56, 57, 59, 91 — 1800; 12, 25, 27, 29, 40, 42, 44, 49, 54, 57, 58, 62, 88.

Regnault (Etienne, p.) : 1704; p. 30, 32.

Reiser (p.); 1796; p. 61.

Renard (Mme Adèle —, p.) : 1793; p. 37, 87.

Renaud (Jean Martin, sc.) : 1798; p. 76 — 99; 73 — 1800; 73.

Renou (Antoine, p.) : 1767; p. 32, 33 — 69; 29, 30 — 71; 34 — 73; 32, 33 — 75; 26 — 79; 23, 24 — 81; 23.

Restout (Jean, p.) : 1737; p. 14, 20, 21, 22, 25, 26 — 38; 23, 24, 26, 27 — 39; 15, 16, 17 — 40; 12 — 43; 14, 38 — 45; 15, 16 — 46; 13, 14 — 47; 19 — 48; 15 — 50; 13 — 51; 13 — 53; 14 — 55; 12, 13 — 57; 35 — 59; 12 — 63; 12 — 65; 39 — 69; 41 — 73; 47.

Restout (Jean Bernard, p.) : 1767; p. 30 — 71; 28, 29 — 91; 13, 20, 24, 27, 65 — 93; 56, 88 — 96; 23 — 99; 25.

Reverchon (Xavier, p.) : 1800; p. 56.

Reydellet (concierge de l'Académie) : 1738; p. 82 —

Roland (Jacques F. J., p.) : 1796; p. 60, 61 — 98; 58 — 1800; 57.

Roland (Philippe Laurent, sc.) : 1783; p. 54 — 85; 50 — 87; 52, 53 — 89; 49 — 91; 39, 65 — 93; 71, 88 — 95; 71 — 96; 76 — 98; 76, 77 — 1800; 74, 89.

Roland de la Porte (Henri Horace, p.) : 1761; p. 27 — 63; 29, 30 — 65; 23 — 67; 21, 22 — 69; 19 — 71; 21, 22 — 87; 21 — 89; 17.

Romany (Adèle Romance, dite —, p.) : 1793; p. 22, 35, 75, 103 — 95; 54 — 96; 61 — 98; 88 — 99; 57 — 1800; 57.

Ropra (Mme —, p.) : 1793; p. 88, 108.

Rosier (Jacques A., p.) : 1796; p. 61.

Roslin (Alexandre, p.) : 1753; p. 35 — 55; 25 — 57; 21 — 59; 21, 34 — 61; 22 — 63; 23 — 65; 21 — 67; 18 — 69; 16 — 71; 16, 17 — 73; 18, 19 — 77; 49, 50, 52 — 79; 22 — 81; 20 — 83; 22 — 85; 19, 20 — 87; 19, 20 — 89; 15 — 91; 14, 16, 24, 26, 27, 50, 52, 65.

Roslin (Mme —, p.) : 1771; p. 30.

Rosset (sc.) : 1793; p. 66.

Rouquet (p.) : 1753; p. 35 — 55; 28 — 57; 25.

Rousseau (Jacques, p.) : 1673; p. 33.

Rousseau (p.) : 1800; p. 23.

Rousselet (Gilles, gr.) : 1673; p. 32.

Rousselet (Mlle —, dess.) : 1791; p. 43, 65.

Roy (J. Auguste, p.) : 1800; p. 58.

Royer (Pierre, p.) : 1791; p. 25, 44, 65 — 93; 88, 92, 99 — 95; 54 — 96; 61.

Ruotte (gr.) : 1793; p. 40, 88, 93 — 95; 88 — 96; 86.

S

Sablet (François, p.) : 1795; p. 54 — 99; 58.

Sablet (Jacob, p.) : 1791; p. 12, 18, 65 — 93; 27, 42, 88 — 95; 54, 85 — 96; 61, 62 — 98; 58 — 99; 58 — 1800; 58.

Saint-Aubin (Augustin de —, gr.) : 1771; p. 51 — 73; 49, 50 — 75; 43 — 77; 51, 52 — 83; 57, 58 — 85; 54 — 89; 56 — 93; 39, 40, 88, 93 — 99; 82.

Saint-Martin (Alexandre Pau de —, p.) : 1791; p. 13, 17, 23, 26, 47, 52, 53, 65 — 93; 9, 10, 18, 32, 46, 52, 54, 88 — 95; 54, 55 — 96; 62 — 98; 58, 59 — 1800; 58.

Saint–Ours (Jean Pierre, p.) : 1791; p. 13, 47, 48, 65.

Saly (Jacques, sc.) : 1750; p. 32, 33 — 51; 30 — 53; 21.

Sambat (p.) : 1793; p. 32, 88.

Sandoz (p.) : 1793; p. 88, 109.

Santerre (Jean Baptiste. p.): 1704; p. 13, 17, 18, 27, 33, 44 — 57; 32.

Sarrazin (sc.) : 1781; p. 41.

Sarrazin (p.) : 1791; p. 12, 21, 53, 66 — 93; 21, 88.

Sauvage (Piat Joseph, p.): 1781; p. 40, 41 — 83; 32, 33 — 85; 25 — 87; 27 — 89; 21 — 91; 12, 13, 19, 37, 46, 66 — 93; 18, 34, 40, 88, 105 — 95; 55 — 96; 62 — 98; 59 — 99; 84 — 1800; 58, 81.

Schall (Jean Frédéric, p.); 1793; p. 10, 88, 107 — 96; 20 — 98; 16, 59 — 1800; 81.

Schall (p.) : 1793; p. 22, 34, 35, 88 — 1800; 88.

Schmidt (Georges Frédéric, gr.) : 1742; p. 35 — 43; 38.

Schmidt (Jean Joseph, p.) : 1793; p. 35, 51, 88 — 96; 63 — 98; 25, 59 — 99; 25, 58 — 1800; 27, 58.

Ségaud (p.) : 1793; p. 50, 88, 111.

Seignoret (p.) : 1800; p. 59.

Sellier (gr.) : 1793; p. 44, 88.

Sénave (Jacques Albert, p.) : 1791; p. 30, 66 — 96; 63 — 98; 60 — 1800; 59.

6

Serangeli (Gioachino, p.) : 1793; p. 27, 82 — 96; 63 — 98; 60 — 99; 59.

Sergell (Jean, sc.) : 1779; p. 54.

Sergent-Marceau (gr.) : 1793; p. 40, 41, 88, 93, 109 — 98; 85 — 99; 59.

Servandoni (Jean Jérôme, p. et arch.): 1737; p. 15, 18, 22, 30 — 38; 15 — 39; 15 — 40; 31 — 41; 32 — 42; 21, 22 — 43; 21 — 50; 34 — 53; 24 — 65; 17, 18.

Seve (Gilbert de —, p.) : 1673; p. 30.

Sevin (p.) : 1798; p. 60.

Sicardi père (p.) : 1798; p. 60 — 1800; 59.

Sicardi fils (Louis, p.) : 1791; p. 34, 66 — 93; 88, 100 — 96; 64 — 98; 60 — 99; 59 — 1800; 59, 60.

Sigisbert (sc.) : 1791; p. 36, 66 — 93; 70, 88 — 99; 73 — 1800; 74.

Silvestre (Louis de —, jeune, p.) : 1704; p. 40, 41 — 1750; 12 — 57; 11, 12 — 1800; 52.

Silvestre (arch.) : 1795; p. 80.

Silvestre (Mme —, p.) : 1799; p. 59.

Simon (Henri, gr. en pierres): 1799; p. 86, 87 — 1800; 81, 84.

Simond (Philippe (?), sc.) : 1791; p. 41, 43, 44; 66.

Simonet (Jean Jacques François, gr.) : 1791; p. 40, 66.

Slodtz (Paul-Ambroise, sc.) : 1741; p. 31 — 42; 34 45; 32, 33 — 48; 20, 21 — 51; 23.

Slodtz (René Michel Ange, sc.) : 1753; p. 33 — 55; 31 — 96; 74 — 98; 70 — 99; 68.

Smitt (Mme, p.) : 1799; p. 60.

Sobre (Jean Nicolas, arch.) : 1791; p. 31, 66 — 95; 81 — 98; 79 — 99; 79.

Soiron (François, p.) : 1800; p. 60.

Soufflot (arch.) : 1761; p. 23 — 96; 79.

Stella (Jacques, p.) : 1673; p. 33 — 1785; 56.

Stiémart (François, p.) : 1737; p. 9, 31 — 38; 9, 32 — 39; 9, 26 — 40; 9, 32.

Stouf (Jean Baptiste, sc.) : 1785; p. 49 — 87; 52 — 89; 48 — 91; 35, 40, 66 — 95; 71 — 96; 25, 74 — 98; 71, 77 — 1800; 68, 74, 75.

Strange (Robert, gr.) : 1765; p. 43 — 67; 41 — 77; 51 — 81; 53 — 83; 57 — 85; 53 — 87; 57.

Subleyras (Pierre, p.) : 1753; p. 33.

Suriny (Mme de —, p.) : 1791; p. 25, 66.

Surugue (Louis, gr.) : 1737; p. 29 — 38; 28, 29 — 40; 28 — 41; 26 — 42; 29 — 43; 32 — 45; 34 — 46; 25 — 47; 30, 31 — 48; 29 — 50; 27, 28 — 51; 27 — 53; 29 — 55; 35 — 61; 33.

Surugue (Pierre Louis, gr.) : 1742; p. 34, 35 — 43; 37, 38 — 45; 36, 37 — 46; 27 — 47; 31 — 48; 29 — 50; 29 — 51; 28 — 53; 31 — 55; 36 — 57; 33 — 59; 32 — 61 ; 33.

Suvée (Joseph Benoît, p.) : 1779; p. 41 — 81; 30, 31 — 83; 21, 22 — 85; 18, 19 — 87; 16 — 89; 12, 13 — 91; 14, 21, 36, 47, 48, 50, 52, 66 — 93; 17, 54, 55, 88 — 95; 55, 56 — 96; 40, 48 51, 63, 65, 83 — 98; 23, 45 — 99; 23, 27, 31, 51, 56 — 1800; 26, 59.

Suzanne (François Marie, sc.) : 1793; p. 62, 89 — 95; 72 — 99; 73, 74.

Swagers (François, p.) : 1791; p. 11, 12, 23, 29, 46, 66 — 93; 12, 22, 54, 89 — 95; 56 — 96; 64 — 98; 60, 61 — 99; 60 — 1800; 60.

Swagers (Mme Elisabeth —, p.) : 1798; p. 60 — 99; 60 — 1800; 60.

Sweback-Desfontaines (Jacques, p.) : 1791; p. 29, 31, 47, 66 — 93; 9, 10, 12, 14, 15, 18, 19, 23, 31, 32, 47, 51, 89, 91, 103 — 95; 57 — 96; 65 — 98; 61 — 99; 60, 90 — 1800; 60, 88.

T

Taillasson (Jean Joseph, p.) : 1783; p. 40, 41 — 85; 31, 32, 33 — 87; 29, 30 — 89; 24 — 91; 10, 11, 29, 66 — 93; 10, 17, 20, 31, 89 — 95; 57 — 96; 66 — 98; 61 — 99; 60, 61, 66 — 1800; 88, 89.

Taraval (Hugues, p.) : 1765; p. 32, 33 — 67; 29, 30 — 69; 26 — 73; 26, 27 — 75; 19 — 77; 21, 22 — 79; 21 — 81; 19, 20 — 83; 19, 20 — 85; 16 — 1800; 81.

Tardieu (Nicolas, gr.) : 1738; p. 27 — 41; 26 — 42; 29 — 43; 31 — 45; 34 — 47; 30 — 48; 25.

Tardieu fils (Jacques Nicolas, gr.) : 1743; 38 — 45; 37 — 46; 27 — 48; 26, 27 — 50; 29 — 53; 31 — 55; 37 — 57; 33, 34 — 59; 33 — 65; 39 — 69; 39 — 75; 41 — 77; 48.

Tardieu (Jean Charles, p.) : 1793; p. 52, 89, 103.

Tardieu (Pierre Alexandre, gr.) : 1791; p. 33, 66 — 93; 89, 98 — 96; 87.

Taré (p.) : 1791; p. 14, 16, 20, 25, 66 — 93; 89, 93, 103 — 99; 61.

Tarenne (Georges, ing.) : 1800; p. 61.

Tassy (p.) : 1791; p. 23, 42, 66.

Taunay (Nicolas Antoine, p.) : 1787; p. 41, 42, 43 — 89; 38 — 91; 14, 15, 22, 30, 31, 48, 52, 66 — 93; 10, 11, 14, 15, 19, 23, 30, 53, 54, 89 — 96; 66, 67 98; 62 — 1800; 51, 89.

Taurel (Jacques, p.) : 1793; p. 11, 12, 28, 30, 45, 89, 92 — 95; 57, 58 — 96; 67 — 98; 62 — 99; 61 — 1800; 61.

Tavernier (François, p.) : 1704; p. 39, 44 — 37; 36.

Tellier (p.) : 1793; p. 15, 89.

Terbouche (Mme Anne Dorothée Leicinska, femme —, p.) : 1767; p. 26.

Tessier (sc.) : 1793; p. 67, 89.

Testelin (Henri, p.) : 1673; p. 30.

Theaulon (Etienne, p.): 1775; p. 30, 31 — 77; 35, 36.

Thévenin (Charles, p.) : 1793, p. 51, 89 — 95; 58 — 96; 67 — 98; 63, 64 ⊥ 1800; 61.

Thibaut (p.) : 1795; p. 58 — 96; 67.

Thiboust (Jean Pierre, p.) : 1793; p. 55, 89 — 95; 58 — 96; 67, 68 — 98; 64 — 1800; 62.

Thiénon (Claude, p.) : 1798; p. 64.

Thierard (sc.) : 1791; p. 32, 35, 40, 42, 66.

Thierret (sc.) : 1800; p. 89.

Thierry (Ch. S., arch.) : 1793; p. 53, 73, 89 — 95; 81 — 99; 79, 80, 81.

Thomassin (Louis, p.) : 1796; p. 68.

Thomassin (Simon Henri, gr.) : 1737; p. 29 — 38; 29 — 40; 27.

Thonesse (p.) : 1791; p. 20, 37, 49, 52, 67 — 96; 32, 68.

Tocqué (Louis, p.) : 1737; p. 17, 21, 22, 25, 26 — 38; 15, 18, 19, 20 — 39; 13, 20, 21, 22 — 40; 27 —41; 26 —42; 22, 23 —43; 21, 22, 38 —45; 24 — 46; 20 — 47; 23 — 48; 21 — 50; 21 — 51; 24 — 53; 22, 33 — 55; 17, 18 — 59; 17 — 61; 33 — 75; 44 — 77; 49.

Topfer (dess.) : 1798; p. 64.

Topin (Silvestre, arch.) : 1796; p. 79.

Topino-Lebrun, voy. *Lebrun*.

Tornezy (Mlle —) voy. Mme *Varillat*.

Tortebat (Jean, p.) : 1704; p. 36.

Tourcaty (Jean François, gr.) : 1793; p. 38, 89.

Tournier (p.) voy. *Tournière*.

Tournière (Robert, p.) : 1704; p. 42 — 37; 23, 24 — 41; 13, 14 — 42; 12, 13 — 43; 12, 13, 32 — 45; 14, 15 — 46; 14 — 47; 19, 20 — 48; 16.

6.

Touzé (p.) : 1791; p. 33, 45, 49, 67.

Tremolières (Pierre Charles, p.) : 1737; p. 12, 14, 22 — 38; 22, 24, 26, 27 — 40; 24.

Trinquesse (p.) : 1791; p. 19, 20, 24, 29, 45, 50, 67 — 93; 14, 21, 30, 89, 110 — 99; 87.

Troll (Henri, gr.) : 1800; p. 84.

Turpin (marquis de —, p.) : 1787; p. 13.

V

V. N. (p.) : 1800; p. 64.

Vafflard (Pierre Auguste, p.) : 1800; p. 62.

Valade (Jean, p.) : 1751; p. 29 — 55; 26 — 57; 21, 32 — 63; 23 — 65; 21 — 67; 18, 19 — 69; 18 — 81; 23.

Valenciennes (Pierre Henri de —, p.) : 1787; p. 36, 37, 38 — 89; 29, 30, 31 — 91; 10, 11, 12, 13, 67 — 93; 33, 50, 89 — 95; 59 — 96; 19, 26, 68 — 98; 14; 43, 64, 65 — 99; 16, 47, 83 — 1800; 13, 21, 27, 46, 63, 64.

Valentin (p.) : 1781; p. 52 — 91; 25, 52, 67.

Vallaert (Pierre, p.) : 1795; p. 59 — 99; 62.

Vallain (Nanine —, femme *Pietre*, p.) : 1793; p. 35, 54, 89, 92, 93, 106, — 95; 59 — 96; 57 — 98; 65 — 99; 62.

Vallayer-Coster (Mᵐᵉ Anne —, p.) : 1771; p. 29, 30 — 73; 29 — 75; 21 — 77; 23, 24 — 79; 27, 28 — 81; 26 — 83; 27, 28 — 85; 23, 24 — 87; 22, 23 — 89; 17, 18 — 95; 60 — 98; 22, 23 — 1800; 63.

Vallée (sc.) : 1800; p. 72.

Vallet (Guillaume, gr.) : 1673; p. 26, 33 — 1699; 25.

Vallin (Jacques Antoine, p.) : 1791; p. 15, 45, 67 — 93; 19, 24, 89 — 95; 59 — 96; 69, 86 — 98; 65 — 99; 61.

16 — 55; 12 — 57; 12 — 59; 11, 12 — 61; 11, 12 — 63; 12, 13, 39 — 65; 12 — 67; 11, 12 — 69; 12, 42 — 73; 48, 49 — 75; 44 — 79; 52 — 81; 52 — 83; 56, — 95; 83.

Van Loo, neveu (Charles (?) p.) : 1747; p. 34.

Van Pol (p.) : 1791; p. 30, 67 — 95; 60 — 96; 69 — 99; 65.

Van Schuppen (Jacques, p.) : 1704; p. 35, 36, 37, 38.

Van Spaendonck (Corneille, p.) : 1789; p. 33 — 91; 47, 48, 51, 67 — 93; 33, 90, 102 — 95; 60, 61 — 96; 70 — 98; 66 — 1800; 15, 63.

Van Spaendonck (Gérard, p.) : 1777; p. 36 — 79; 36 — 81; 32, 33 — 83; 30, 31 — 85; 25 — 87; 24 — 89; 16 — 91; 14, 17, 67 — 93; 90, 106 — 95; 60 — 96; 70 — 99; 52.

Van Waëyenbergh (sc.) : 1793; p. 64, 65, 90.

Varenne (Charles Santaire, p.) : 1796; p. 70 — 98; 66.

Varillat (Mme —, née Tornezy, p.) : 1795; p. 59 — 98; 66.

Varin frères (gr.) : 1791; p. 32, 37, 67.

Vassé (Louis Claude, sc.) : 1748; p. 29 — 50; 32 — 51; 30 — 53; 26 — 55; 31 — 57; 29 — 59; 28 — 61; 28, 29 — 63; 33, 34 — 65; 34, 35 — 67; 35 — 71; 38, 39 — 96; 75 — 98; 71, 75.

Vasserot (p.) : 1793; p. 90, 109 — 1800; 64.

Vauroʒe (*Fricquet de* —), v. *Fricquet.*

Vauʒelle (Jean Lubin, p.) : 1799; p. 65.

Vavoque (p.) : 1793; p. 110.

Vaxiller (p.) : 1793; p. 30, 90.

Vaysse (Mme —, p.) : voy. Mlle Ro**s**alie *Lebrun.*

Venevault (Nicolas, p.) : 1753; p. 26 — 55; 20 — 57; 18 — 59; 19 — 63; 20 — 67; 17 — 71; 17.

Venture (Mme T. M. —, p.) : 1796; p. 70.

Verbeck (sc.) : 1737; p. 33 — 39; 25.

Verdier (François, p.) : 1704; p. 15.

Verdot (Claude, p.) : 1779; p. 51.

Vergnaux (p.) : 1793; p. 90 — 98; 66.

Vernansal (Guy Louis, p.) : 1699; p. 15 — 1704; 31.

Vernet (Joseph, p.) : 1746; p. 29 — 47; 33 — 48; 28 — 50; 31 — 51; 28 — 53; 28 — 55; 23, 24, 25 — 57; 19, 20, 21 — 59; 20, 21, 31 — 61; 20, 21, 22, 33 — 63; 21, 22, 23, 37 — 65; 19, 20, 39, 40, 42 — 67; 16, 39 — 69; 16 — 71; 15, 16, 47, 50 — 73; 18, 47, 48 — 75; 13, 14 — 77; 17 — 79; 21, 22, 49, 53 — 81; 20 — 83; 22 — 85; 19 — 87; 18, 19, 55 — 89; 14, 15 — 93; 43, 111 — 96; 62 — 98; 58, 67 — 1800; 52, 58.

Vernet (Carle, p.) : 1789; p. 59 — 91; 22, 67 — 93; 23, 90, 98 — 95; 61 — 98; 67, 68, 84 — 99; 65 — 1800; 65.

Verselin (Jacques, p.) : 1699; p. 17.

Verzy (Jean Baptiste, p.) : 1793; p. 54, 90 — 96; 71.

Vestier (Antoine, p.) : 1785; p. 42 — 87; 31, 32 — 89; 26, 27 — 91; 12, 14, 15, 16, 28, 31, 46, 49, 50, 53, 67 — 95; 61, 62 — 96; 71 — 98; 68 — 99; 32.

Vial (arch.) : 1800; p. 76.

Vidal (gr.) : 1793; p. 38, 90.

Vieilh-Varenne (dess. et gr.) : 1793; p. 49, 90, 112 — 1800; 65, 85.

Viel (Pierre, gr.) : 1793; p. 42, 90 — 99; 87 — 1800; 85.

Vien (Joseph Marie, p.) : 1753; p. 32, 33 — 55; 16, 17 — 57; 15, 16 — 59; 14, 15 — 61; 15 — 63; 14, 15 — 65; 14, 40, 41 — 67; 13 — 69; 13 — 73; 12, 13 — 75; 10 — 79; 12, 50, 51 — 81; 11 — 83; 13,

14 — 85; 11, 12 — 87; 11, 12, 59 — 89; 9, 10 —
91; 30, 67 — 93; 31, 32, 90 — 96; 48, 51, 61, 66,
— 98; 14, 21, 34, 46, 48, 58, 61, 68 — 99; 15,
18, 47, 48, 58, 60 — 1800; 16, 48, 58, 85, 88.

Vien fils (Joseph Marie, p.) : 1796; p. 71 — 98; 68 —
99; 66 — 1800; 65.

Vien (Mme Marie —, née Reboul, p.) : 1757; 24 — 59;
21, 22 — 63; 24 — 65; 21, 22 — 67; 19 — 77; 33.

Vigier (Philibert, sc.) : 1699; p. 13.

Viglianis (Jean, dess.) : 1796; p. 87.

Vignalis (p.) : 1791; p. 12, 49, 67 — 95; 62.

Vigneux (p.) : 1799; p. 91.

Vignon fils (Claude François, p.) 1673; p. 34 — 1699;
19, 25.

Vignon (Pierre, arch.) : 1793; p. 73, 90 — 99; 81.

Viguier (sc.): voy. *Vigier.*

Villers (p.): 1793; p. 51, 90.

Villers (Mme —, p.) : 1799; p. 66.

Vinache (Jean Joseph, sc.) : 1738; p. 31 — 42; 26 —
43; 25, 26, 27 — 45; 31, 32 — 46; 24 — 47; 28.

Vincent (Antoine Paul, p.) : 1798; p. 68 — 1800;
p. 66.

Vincent (François André, p.) : 1777; p. 36, 37 — 79;
36 — 81; 36 — 83; 31, 56 — 85; 25, 26 — 87; 16,
17, 18 — 89; 13, 14 — 91; 10, 24, 28, 29, 32, 51,
67 — 95; 62 — 96; 15, 22, 53, 57, 58, 67, 68 — 98;
11, 18, 19, 23, 35, 37, 49, 52, 53, 56, 63, 68, 89 —
99; 13, 18, 21, 22, 26, 38, 40, 49, 52, 90 — 1800;
12, 19, 24, 25, 33, 34, 44, 50, 53, 55, 61, 64,
65.

Vincent (F· Ph., p.) : 1799; p. 66.

Vincent (Louis, p.) : 1791; p. 20, 32, 67 — 95; 62 —
99; 90.

Vincent (Mme —, p.), voy. Mme *Guyard.*

W

TABLE ALPHABÉTIQUE

DES CRITIQUES DE SALONS

DE 1673 A 1800.

A

Ah! Ah! Encore une critique du Sallon! Voyons ce qu'elle chante : 1779; p. 7 — 81; 7.

Ah! Ah! ou relation véritable, intéressante, curieuse et remarquable de Marie Jeanne la Bouquetière et de Jerôme le Passeux, au Sallon du Louvre : 1787; p. 8.

Ambigu-Comique (théatre de l') : 1783; p. 10.

Ami des Artistes au Sallon (L'), par Robin : 1787; p. 6.

Amour (L') des Arts consolant la Peinture... par Lagrenée : 1781; p. 8.

Amusements du cœur et de l'esprit (Les) : 1737; p. — 41; 6.

Année Littéraire : 1757; p. 6 — 59; 5 — 61; 5 — 63; 5, 6 — 65; 6 — 67; 6 — 69; 6 — 71; 5 — 79; 6 — 81; 6 — 83; 6 — 85; 5 — 87; 5 — 89; 5.

Annonces et affiches de Paris : 1775; p. 5.

Annonces, affiches et avis divers, ou Journal général de France : 1781; p. 6.

C

CORRESPONDANCE SECRÈTE : Voy. GRIMM.

Coup d'œil exact de l'arrangement des peintures du salon du Louvre, par Martini : 1785; p. 8.

Coup d'œil sur le Salon par un aveugle, par Lesuire : 1775; p. 6 — 77; 6 — 83; 9 — 85; 6.

Coup d'œil sur les ouvrages de peinture... exposés au Sallon de cette année: 1779; p. 8.

Coup de patte sur le Salon de 1779, par Carmontelle : 1779; p. 7 — 81; 6 — 83; 8 — 85; 7 — 89; 6.

Courtes, mais véridiques réflexions sur l'Exposition des tableaux de l'année 1775 : 1775; p. 5.

Cousin Jacques hors du Sallon (le), par Beffroy de Reigny : 1787; p. 7.

COYPEL (Charles Antoine, p.) : 1747; p. 7 — 51; 6.

Critique de la Lettre sur les arts... écrite à M. d'Yfs : 1763; p. 6.

Critique de la lettre à M*** sur les Peintures... exposées dans le Salon du Louvre : 1765; p. 6.

Critique des peintures et sculptures de messieurs de l'Académie royale : 1765; p. 6.

Critique des quinze critiques du Salon par Dulaure : 1787; p. 7.

Critique du Salon de 1777 par Joshua Reynolds : 1777; p. 5.

Critique (la) est aisée, mais l'art est difficile : 1783; p. 9.

Critique impartiale des ouvrages exposés au Sallon (attribuée à Ducreux) : 1789; p. 6.

Critique sur les tableaux exposés au Salon : 1795; p. 6.

D

DAUDÉ DE JOSSAN : 1769; p. 6 — 73; 6.

Décade philosophique : 1798; p. 5 — 99; 6.

G

Galimatias anti-critique des tableaux du Salon : 1781; p. 6.

GARRIGUES DE FROMENT (abbé) : 1753; p. 8.

GAULT DE SAINT-GERMAIN : 1673; p. 27.

GAUTIER : 1751; p. 6 — 53; 6, 7, 8.

Gazette des Beaux-Arts : 1746; p. 6 — 53; 7 — 63; 6 — 83; 8 — 99; 6.

GENCE (Jean-Baptiste-Modeste) : 1783; p. 9.

Gilles et Arlequin au Museum : 1800; p. 6.

GODDÉ (catalogue) : 1673; p. 25 — 73; 5 — 77; 6 — 79; 8.

GORSAS : 1785; p. 7 — 87; 8.

GOUGUENOT DE CROISSY (bibliothèque) : 1750; p. 6.

Grande Assemblée des Barbouilleurs ou la révolution de la peinture : 1789; p. 6.

Grandes prophéties du grand Nostradamus sur le grand salon de peinture par Pujoulx : 1787; p. 7.

GRESSET : 1737; p. 6.

GRIMM (correspondance secrète de) : 1753; p. 6 — 57; 6 — 59; 6 — 63; 5 — 75; 6 — 77; 5 — 81; 5 — 83; 6 — 85; 5.

H

Histoire littéraire d'Amiens : 1783; p. 9.

HUQUIER : 1753; p. 8.

I

IFS (M. d'—) : 1763; p. 6.

Impartialité (l') au Salon, par Renou : 1783; p. 6, 8, 9, 10.

Impromptu sur le salon des tableaux exposés au Louvre : 1785; p. 8.

INNOCENTS (fontaine des) : 1753; p. 7.

Inscriptions pour mettre au bas des différents tableaux exposés au Salon : 1785; p 8 — 87; 6.

J

J. H. de la Ser*** : 1795; p. 6.

Janot au Sallon ou le Proverbe : 1779; p. 6.

Jeandel (M.) : 1673; p. 7.

Jérôme (M. — râpeur de tabac) : 1769; p. 6.

Jésuites (Tableaux qui sont dans la maison professe des —, à Paris) : 1699; p. 7.

Jocrisse dans le Muséum des Arts... : 1800; p. 6.

Joly de Saint-Just : 1787; p. 6.

Jombert : 1753; p. 8.

Journal de Nancy : 1781; p. 7.

Journal de Paris : 1777; p. 5 — 79; 6 — 81; 5, 6, 7, 8 — 83; 6 — 85; 5 — 87; 5, 8 — 89; 5 — 91; 5 — 93; 6 — 95; 6 — 96; 6 — 98; 5 — 99; 5 — 1800; 5.

Journal des Débats : 1673; p. 27.

Journal encyclopédique : 1761; p. 5.

Journal général de France : 1785; p. 6.

Joursanvault (M. de —) : 1779; p. 7.

Jugement d'un amateur sur l'exposition des tableaux : 1753; p. 7, 8.

Jugement d'un musicien sur le salon de peinture : 1785; p. 7.

Jugement d'une demoiselle de quatorze ans sur le Sallon de 1777, par Lesuire : 1777; p. 6 — 83; 9.

Jugements sur les principaux ouvrages exposés au Louvre le 27 août 1751 : 1751; p. 6.

Jugements sur nos peintres et nos sculpteurs : 1781; p. 8.

Jury (origine du) : 1673; p. 11.

L

Momus au Salon, par J. B. Pujoulx : 1783; p. 8.

Monsaldy (gr.) : 1800; p. 6.

Montaiglon (M. Anatole de —) : 1673; p. 7, 8, 9, 16, 17, 18, 26, 27 — 1699; 5 — 1739; 6 — 48; 8 — 59; 5, 6 — 81; 8 — 83; 9, 10 — 85; 8 — 87; 6.

Mort (le) vivant au salon de 1779, par Lesuire : 1779; p. 6 — 83; 9.

Morte (la) de trois mille ans au Salon, par Lesuire : 1783; p. 9.

Muette (la) qui parle au salon de 1781 : 1781; p. 6 — 83; 9.

Muse (la) errante au Salon : 1771; p. 5.

N

Nau Deville : 1789; p. 6 — 91; 6.

Nodille de Rosny : 1775; p. 6.

Nostradamus : Voy. Grandes prophéties de, etc., etc.

Nougaret : 1777; p. 6.

Nouvelles de la république des lettres et des arts : 1783; p. 6.

Nuits de Paris (les) : voy. Retif de la Bretonne.

O

Observateur (l') au Sallon : 1789; p. 6.

Observateur Littéraire (l') : 1759; p. 6 — 61; 5.

Observations critiques sur les tableaux du Salon : 1785; p. 6 — 87; 6 — 89; 5.

Observations critiques sur quelques-uns des tableaux les plus remarquables... s. d. : 1800; p. 6.

Observations d'une Société d'amateurs sur les tableaux exposés au Sallon : 1761; p. 5.

Observations générales sur le salon de 1783..., par l'abbé P... : 1783; p. 7.

Observations philosophiques sur l'usage d'exposer les

Réponse d'un aveugle à messieurs les critiques des tableaux exposés au Salon : 1755; p. 6.

RÉTIF DE LA BRETONNE (les Nuits de Paris, par —): 1787; p. 5.

Revue de Paris : 1769; p. 6 — 71; 5 — 75; 5 — 81; 6.

Revue Rétrospective : 1783; p. 10.

Revue Universelle des Arts : 1673; p. 27 — 1777; 6 — 87; 6.

REYNOLDS (Joshua) : 1777; p. 5.

ROBIN : 1787; p. 6.

RULHIÈRE : 1777; p. 5.

S

SAÏD-PACHA, ambassadeur du Sultan : 1742; p. 6.

SAINT-AUBIN (Gabriel de) : 1753; p. 7 — 65; 6.

SAINT VINCENT DUVIVIER (M.) : 1673; p. 7, 16, 18 — 1704; 6.

SAINT-YVES : 1748; p. 7.

Salon (le) avec une eau-forte, par de Caylus 1753; p. 7.

Salon de 1753, par Grimm : 1753; p. 6.

Salon (le) à l'encan : 1783; p. 9.

Sallon de peinture : 1791; p. 5.

Sallon (le), ouvrage du moment : 1779; p. 7.

Sans-Quartier au Salon : 1783; p. 9.

Sentiments d'un amateur sur l'exposition des tableaux du Louvre : 1753; p. 8.

Sentiments sur les tableaux exposés au Salon : 1769; p. 6.

Sentiments sur plusieurs des tableaux exposés cette année dans le grand sallon du Louvre : 1755; p. 6.

Sentiments sur quelques ouvrages de peinture, sculpture et gravure, par de la Font de Saint-Yenne : 1753; p. 6, 7.

SIREUIL : 1751; p. 5.

Véridique au Sallon (le) : 1783; p. 8.

Vérité (la), critique des tableaux exposés...: 1781; p. 7.

Vérités agréables, ou le Salon vu en beau, par l'auteur du Coup de patte : 1789; p. 6.

Verre (le) cassé de Boilly... : 1800; p. 5.

Vers à Mme Lebrun par M. de Miramond : 1783; p. 10.

Vers de M. de C. sur le Salon : 1785; p. 7.

Viel de Saint-Maur : 1785; p. 8.

Villiers et Capelle : 1796; p. 6.

Villot (M.) : 1673; p. 17.

Vision du juif Ben-Esron, fils de Sépher, marchand de tableaux : 1773; p. 6.

Visionnaire (le) ou Lettres sur les ouvrages exposés au Sallon, etc. : 1779; p. 6.

Vue des ouvrages de peinture des Artistes vivans, exposés au Musée central des Arts, par Monsaldy et Devisme (2 gravures) : 1800; p. 6.

Vue du salon du Louvre en l'année 1753 (eau-forte) : 1753; p. 7.

— en l'année 1765 (dessin) : 1765; p. 6.

W

Walferdin : 1769; p. 6.

Nota : Voyez aussi le supplément à la bibliographie des livrets et des critiques qui accompagne l'Introduction placée en tête de ces Tables.

Nogent-le-Rotrou, imprimerie de A. Gouverneur.

9 782329 808871